संवेदनाओं
का सफ़र

संवेदनाओं का सफ़र

मंजू लोढ़ा

वाणी प्रकाशन

प्रकाशन के उत्कृष्टतम 63 वर्ष

सजिल्द प्रथम संस्करण : 2026

vaniprakashan.com

वाणी प्रकाशन

4695, 21-ए, दरियागंज, नयी दिल्ली-110 002

फ़ोन : + 91 11 23273167, 23275710

शाखाएँ

अशोक राजपथ, पटना-800 004, बिहार

कॉफ़ी हाउस कैम्पस, महात्मा गांधी मार्ग, प्रयागराज-211 001, उत्तर प्रदेश

महात्मा गांधी अन्तरराष्ट्रीय हिन्दी विश्वविद्यालय, वर्धा-442 001, महाराष्ट्र

sales@vaniprakashan.in
vaniprakashan@gmail.com

Samvednaon Ka Safar
by Manju Lodha

ISBN : 978-93-7348-826-4

Poetry Collection

मूल्य : ₹ 550

भारत में थॉमसन प्रेस प्राइवेट लिमिटेड द्वारा मुद्रित।

वाणी प्रकाशन का लोगो मक़बूल फ़िदा हुसैन की कूची से

मोदीजी–महान व्यक्तित्व

17 सितम्बर का मंगल दिन आया,
हमारे लाड़ले प्रधानमन्त्री का जन्मदिन आया।
देश के हर कोने में ख़ुशियाँ छायीं,
जन-जन ने श्रद्धा की थाली सजायीं।

हम सब कहते हैं हाथ जोड़कर आज,
मोदी जी आपकी छत्रछाया सदा हम पर रहे।
आप जब तक इस पद पर हैं,
हमें कोई चिन्ता नहीं–आपके भरोसे हम सब हैं।

आपके नेतृत्व में हमने देखा नया भारत,
नयी सोच, नयी शक्ति, नयी दिशा, नया प्रारम्भ।
तीन तलाक़, धारा 370, राममन्दिर का स्वप्न साकार किया।

स्वच्छ भारत का दीप जलाया,
बेटी पढ़ाओ-बेटी बचाओ का बिगुल बजाया।
जनधन, उज्ज्वला, आयुष्मान, डिजिटल भारत, हर गली,
हर घर पहुँची विकास की आहट।

हर गाँव में बिजली, हर खेत में पानी,
सड़क, रेलवे, मेट्रो–बनी नयी कहानी।
विकास की रफ़्तार से देश सजाया,
हर क्षेत्र में भारत को ऊँचा उठाया।

एक रैंक, एक पेंशन आपने हमारे सैन्य बल को मन और बल दिया,
सीमा सुरक्षा को दृढ़ किला बना दिया।
दुश्मन को करारा जवाब दिया सदा,
राष्ट्र की रक्षा में खड़ा हर जवान बड़ा।

आपकी छत्रछाया में हम सुरक्षित हैं आज,
हर नागरिक को है आप पर मान-अभिमान।
भगवान करें आप सौ सालों से भी अधिक जियो,
भारत को विश्व गुरु बनाकर रहो।

आपके नेतृत्व में हर भारतवासी चैन से रहे,
सीमाएँ सुरक्षित, दुश्मन दूर खड़े।
हर युवा में जोश, हर माँ के दिल में गर्व,
आपके संग भारत रचेगा नया पर्व।

मोदीजी आज आप व्यक्ति नहीं हो, जन-जन की अभिलाषा हो,
भारत माता के सच्चे सपूत, नये भारत की नयी पहचान हो।
अभिनन्दन आपका सौ-सौ बार।

युवाओं सी रवानगी है, चेहरे पर तेजस्विता है, वाणी में ओजस्विता है,
देश के प्रति अटल प्रेम है
अभिनन्दन आपका सौ-सौ बार।

धुन के पक्के हैं, कार्य में हरदम मगन हैं, योग के बलबूते पर,
मन पर विजय है, नौ दिन नवरात्रि के उपवास करते हैं,
देश-विदेश में जाकर देश का परचम लहराते हैं,
अभिनन्दन आपका सौ-सौ बार।

देश की रक्षा ख़ातिर सिंह जैसी गर्जना है,
भ्रष्टाचार को जड़ से मिटाने की शूरवीरता है,
कर्म ही श्रेष्ठ है, हो पूर्ण समर्पित कार्य को आपका सभी को
यही सन्देश है,
अभिनन्दन आपका सौ-सौ बार।

लघु उद्योगों को आपने आगे बढ़ाया,
मेक इन इंडिया, सीमाओं की रखवाली-नये पोत-नये हथियार,
चाँद पर पहुँचना, जी-20 की मेज़बानी, अनगिनत कार्य,
हर कार्य में दक्षता है,
अभिनन्दन आपका सौ-सौ बार।
आपके व्यक्तित्व को बखान करूँ कैसे,
बने अभी वह शब्द नहीं हैं, व्यक्त करूँ भावों को कैसे,
बने अभी वह अर्थ नहीं हैं,
अभिनन्दन आपका सौ-सौ बार।

दोस्त हो या दुश्मन सभी को अपने लगते हो,
चारों ओर फैले इस तमस में सूर्य की नयी किरण लगते हो,
अभिनन्दन आपका सौ-सौ बार।

निर्मल-निश्चल-निर्भीक हे नृप नरेश भूपति-भूप-अवनीश-नरपति,
बस आप यूँही आगे बढ़ते रहे,
बना नहीं जो शिखर उस तक चढ़ते रहे
अभिनन्दन आपका सौ-सौ बार।

मोदीजी, आपके जन्मदिन पर यह हमारी प्रार्थना,
आपके यश और तेज से जग हो उज्ज्वल रत्ना।
राष्ट्र की सेवा में आप ऐसे ही अग्रसर रहें,
आपके मार्ग का हर पत्थर पुष्प बन जाये,
आपके राज में हिन्दुस्तान भारत बन जाये,
अभिनन्दन आपका सौ-सौ बार।

अमिताभ बच्चन : संघर्ष, सेवा और संकल्प

विश्व की वाटिका में खिलते हैं असंख्य पुष्प,
पर कुछ ही अपनी सुवास से उपवन महकाते हैं।
भीड़ में जन्म लेते हैं अनगिनत लोग यहाँ,
पर कुछ ही जन-जन के हृदय को आलोकित कर जाते हैं।

वैसा ही एक पुष्प खिला प्रयाग की धरती पर,
संस्कार, संस्कृति, कविता जिनकी विरासत बनी।
पिता हरिवंश राय की वाणी में दर्शन था,
माता की गोद में त्याग-सहनशीलता पली।

नाम अमिताभ—अर्थ ही जिसका अनन्त प्रकाश,
पर राह आसान कहाँ थी उस दीपक के लिए।
पर संघर्ष की आँधियों ने मज़बूत किया अस्तित्व,
आत्मविश्वास अडिग रहा हर क्षण के लिए।

लम्बा क़द, भारी आवाज़
रेडियो ने ठुकराया,
फ़िल्मों ने मुँह मोड़ा, पर उसी आवाज़ ने रचा, इतिहास स्वर्णिम।

कई रातें जागीं सपनों की रखवाली में,
कई दिन भूखे पेट भी मुस्कान ओढ़ी।
अस्वीकृति, असफलता का विष पिया,
पर हिम्मत की लौ कभी न छोड़ी।

समुद्र किनारे बीतीं रातें,
आँखों में प्रश्न अनगिन,
भूखे दिन, जागी रातों में
फिर भी जलता रहा सपनों का संसार।

हौसले ने उनसे कहा
"रुको मत, चलना धर्म है,
संघर्ष ही तेरा परिचय है,
हार मानना अधर्म है।"

फिर एक दिन वही स्वर गूँजा आकाश सा,
परदे पर उतरा व्यक्तित्व विराट हुआ।
'ज़ंजीर' टूटी, इतिहास बना,
नायक नहीं–युगपुरुष का जन्म हुआ।

एंग्री यंग मैन बनकर
जनता की आवाज़ खड़ी।
दीवार बनी आत्मसम्मान,
शोले ने जज़्बा दिया,
डॉन, अग्निपथ, त्रिशूल ने
हर डर को छोटा किया।

सपनों को नये पंख दिये,
सफलता के नये रंग दिये।

क्रोध, करुणा, प्रेम, मर्यादा सब रूप जिए,
कभी किसान, कभी शहंशाह बने।
जन-जन ने देखा स्वयं को उनकी आँखों में,
तभी वे हर दिल की आवाज़ बने।

कुली के सेट पर हुआ वह भयानक हादसा,
जिसने उनके प्रशंसकों को कर दिया चिन्तित।
हर साँस बन गयी दुआ,
प्रार्थनाओ ने किया कमाल।

दोबारा जीवन पाया तब,
ख़ुशी से नाच उठा संसार
समझ आया—यह अभिनेता नहीं,
यह जन-जन की आत्मा की जान।

सफलता सिर चढ़ी नहीं कभी,
विनम्रता बनी पहचान,
मेहनत, अनुशासन, कृतज्ञता
आज भी वह बरकरार।

फिर आया एक नया अध्याय,
'कौन बनेगा करोड़पति' नाम,

ज्ञान को सम्मान मिला,
आम आदमी को मिला स्थान।

संयम, गरिमा, शालीनता से
उन्होंने मंच को सजा दिया,
स्त्री-सम्मान, संवेदना को
घर-घर तक पहुँचा दिया।
महिलाओं के प्रति आदर ने,
नया मानदण्ड रच डाला।

चुपचाप करते रहे उपकार,
कभी ख़बर नहीं बनने दी,
एक हाथ से दिया ऐसा
कि दूसरे को भनक न दी।

सिखाया–मदद वही सच्ची
जो प्रचार न माँगे कभी,
नेकी को शोर न बनाओ,
यही सबसे बड़ी साधना है अभी।

जीवन में कितने भी संघर्ष हों,
कितनी भी कठिनाई आये,
कभी हार मत मानना–
यह सन्देश दिया।

अमिताभ केवल नाम नहीं,
एक मूल्य, एक संस्कार है,
संघर्ष, सेवा, संकल्प से बने
वह युग-पुरुष, वह आधार है।

गिरकर उठना, टूटकर जुड़ना उन्होंने सिखाया,
असफलता से डरना नहीं—यह राह दिखाई।

अमिताभ केवल अभिनेता नहीं, प्रेरणा हैं,
संघर्ष का जीवन्त, चलता-फिरता ग्रन्थ हैं।
विश्व की वाटिका में वे वह पुष्प हैं,
जिनकी सुवास से पीढ़ियाँ सुवासित हैं।

I AM

Amitabh Bachchan
'Prateeksha', 10th North-South Road, JVPD Scheme, Juhu, Mumbai - 400 049

१४ जनवरी, २०२५

पुस्तक की प्रस्तावना

कविता के रंग जीवन के संग, इस काव्य-संग्रह हिंदी साहित्य की एक अद्भुत कृति है, जिसमें विविध भावनाओं, विचारों और संवेदनाओं का संगम है।

इस पुस्तक में संकलित कविताएँ न केवल हिंदी साहित्य की समृद्धि को उजागर करती हैं, बल्कि पाठकों को जीवन के विभिन्न पहलुओं से भी परिचित कराती हैं। प्रत्येक कविता का शब्द-चयन, उसकी संरचना और भावनाओं की गहरी अभिव्यक्ति, पाठक को सोचने पर मजबूर करती है।

यह काव्य-संग्रह उन सभी पाठकों के लिए है जो शब्दों के माध्यम से अपने भीतर की गहरी भावनाओं को समझने और महसूस करने की कोशिश करते हैं। यहाँ पर समाहित कविताएँ न केवल भावनाओं का उद्घाटन करती हैं, बल्कि विचारों की गहरी गूंज भी छोड़ जाती हैं। इस संग्रह को पढ़ते हुए, आपको न केवल साहित्य की सुंदरता का अहसास होगा, बल्कि जीवन की विभिन्न स्थितियों में प्रेरणा और शांति भी मिलेगी।

मैं इस पुस्तक के लिए श्रीमती मंजू लोढ़ा को हार्दिक शुभकामनाएँ देता हूँ और पाठकों से अनुरोध करता हूँ कि वे इस संग्रह को अपने दिल से स्वीकार करें और इसके प्रत्येक शब्द की गहराई को महसूस करें।

अमिताभ बच्चन

संवेदनाओं का सफ़र

'संवेदनाओं का सफ़र' मात्र कविताओं का संकलन नहीं है, यह जीवन की उन पगडंडियों का दस्तावेज़ है जहाँ चलते हुए मन बार-बार ठिठका, विचलित हुआ, टूटा भी और फिर सँभलकर आगे बढ़ा। जीवन की यात्रा में जब-जब कोई अनुभूति मन को झकझोरती गयी–चाहे वह सुख हो, दुख हो, पीड़ा हो या मौन–वही अनुभूति शब्दों का रूप लेकर कविता बन गई।

कवि का हृदय अत्यन्त कोमल होता है। छोटी-छोटी घटनाएँ, अनकहे भाव, किसी की आँखों की नमी, किसी की मुस्कान की सादगी–सब कुछ उसे भीतर तक छू जाती है। जो कुछ भी मन पर गहरी छाप छोड़ जाता है, वही कविता के रूप में काग़ज़ पर उतर आता है। यह कविताएँ किसी कल्पना की उपज नहीं, बल्कि जीवन के सजीव अनुभवों की अभिव्यक्ति हैं।

इस पुस्तक में संकलित कविताएँ केवल मेरे व्यक्तिगत अनुभवों की कहानी नहीं कहतीं। मेरा विश्वास है कि जब पाठक इन्हें पढ़ेगा, तो उसे इनमें अपना ही प्रतिबिम्ब दिखाई देगा। उसे लगेगा–यह तो मेरे मन की बात है, मेरे अनुभव हैं, मेरी संवेदनाएँ हैं। शायद इसी अर्थ में यह पुस्तक केवल मेरी नहीं रह जाती, बल्कि हर उस व्यक्ति की हो जाती है जो जीवन को महसूस करता है, जो संवेदनशील है, जो भीतर से जीता है।

'संवेदनाओं का सफ़र' उन अनकहे भावों को स्वर देता है, जिन्हें हम अक्सर शब्द नहीं दे पाते। यह पुस्तक पाठक से संवाद करती है, उसे सोचने, ठहरने और स्वयं से मिलने का अवसर देती है। यदि इन कविताओं के माध्यम से

कोई पाठक अपने मन की किसी अनुभूति को पहचान पाता है, तो यही इस पुस्तक की सार्थकता है।

मैं विशेष धन्यवाद करना चाहती हूँ श्री अमिताभ बच्चन जी का जिन्होंने मेरी इस पुस्तक के लिए शुभकामनाएँ प्रेषित कीं।

–मंजू लोढ़ा

अनुक्रम

शब्द और मैं

जब भी मैं परेशान होती हूँ,
कविता लिखने बैठी हूँ।
शब्द मेरे संग खड़े होते हैं,
मेरी ओर देख के मुस्कराते हैं।

ग़म के साये घने हो जाते,
मन बोझिल-सा रहने लगता,
तब काग़ज़ पर उतरते शब्द,
मेरे मन का दर्द समेट लेते।

कभी ये आँसू बन बह जाते,
कभी मुस्कानें बिखरा देते,
शब्दों की माला गूँथ के मैंने,
हर मुश्किल को राह दी है।

जब दुनिया अनसुनी करती,
मेरे शब्द मुझे सुनते हैं,
जो कहना चाहूँ, कह देती हूँ,
ये मेरे अपने लगते हैं।

हर ख़ुशी, हर पीड़ा में,
शब्द मेरे संगी बन जाते,
इसलिए जब भी परेशान होती,
कविता लिखने बैठी हूँ।

जब कभी मन होता है बेचैन

विचारों का कारवाँ चलता रहता है
कभी किसी की कही कोई बात चुभती है
अशान्ति बेचैन करने लगती है
मन में बवण्डर-सा मचने लगता है
तब माँ अचानक सामने खड़ी दिखती है
जो हमेशा समझाया करती थी
किसी की कही कोई भी बात, मन को मत लगाओ,
जो अच्छा नहीं लगता, उसे एक कान से सुनकर
दूसरे कान से निकाल लो, और अपनी सारी शक्ति अपनी पसन्द को,
अपने शौक़ को निखारने में लगा दो।

ऐसे में माँ की बात का बहुत बल मिलता है
और जब कभी कुछ बुरा लगता है
तब क़लम और काग़ज़ लेकर बैठ जाती हूँ,
शब्द बहुत अपने से लगने लगते हैं
और शब्दों की माला में पिरो देती हूँ कोई कविता,
और कविता मीठी नदी बनकर रग-रग में बहने लगती है,
कविता बन जाती है एक साथी, कभी दुलारने कभी सहलाने लगती है
और कभी माँ का ममतामयी आँचल बन जाती है।
शब्द मसीहा बन जाते हैं।

शब्द-शब्द में कितना फ़र्क़ होता है,
एक घाव करता है दूसरा मरहम बन जाता है,
कहते ही तीर का घाव भर जाता है,
पर अहंकार से भरे शब्दों का ज़ख़्म कभी नहीं भरता,
कितना अच्छा हो कुछ कहने से पहले
हम सौ बार सोचें अन्यथा चुप्पी साध लें,

बेवजह अभिमान दिखाने से कहीं बेहतर है,
हम थोड़ा विनम्र बनें, थोड़ा झुक जायें,
अकड़ता वही है, जिसमें जान नहीं होती,
झुकता वही है जिसकी साँसें चलती हैं,
शब्दों के तीर चुभोने से सुख नहीं मिलता,
सुख मिलता है वाणी की शीतलता से,
जहाँ वाणी में मिठास हो, दूसरों के दर्द दूर करने की कोशिश हो,
तो वही प्रार्थना पूजा बन जाती है।

दूसरों के साथ-साथ हम स्वयं भी प्रसन्नता के निर्झर में भीग-भीग जाते हैं।

मैं और मेरी पुस्तकें

हरदम बातें करते रहते हैं,
आजकल लोग किताबें नहीं पढ़ते,
गूगल में, किंडल में जाकर
जो पढ़ना चाहें पढ़ लेते हैं।
लेकिन मुझे लगता है
पुस्तकों को छूने से
जो एक अहसास जाग्रत होता है
वह कितना जुदा होता है।

वह किंडल में कहाँ? गूगल में कहाँ
पुस्तकें पढ़ते-पढ़ते उसे चेहरे पर ढक कर सो जाना,
और कल्पनाओं की सुन्दर दुनिया में घूमना,
आह! उन भावों को तो मैं शब्दों में
भी बयाँ नहीं कर सकती,
घण्टों एक अजीब-सी दुनिया में खोये रहते हैं,
पुस्तकों के पात्र जाग्रत हो जाते हैं,
आपस में विवेचना करने लग जाते हैं।

मेरे इर्द-गिर्द एक भीना-भीना वातावरण महकने लगता है।

सैकड़ों किताबें पढ़ी हैं मैंने
कर्नल रंजीत, गुलशन नन्दा, वेदप्रकाश शर्मा
से लेकर बच्चनजी, नीरज, गुलेरी-खत्रीजी, जयशंकरजी
महादेवी वर्मा, सुभद्राकुमारी चौहान,
अनगिनत लेखकों को, कई पत्रिकाएँ पढ़ी हैं, आज भी पढ़ती हूँ।

खत्रीजी की पुस्तकों की तरह
हर पुस्तक एक नया रहस्य खोलती है,
एक नये एहसास से भर देती है,
'उसने कहा था' एक मासूम प्रेम कहानी
लिखकर गुलेरीजी अमर हो गये।

तो चित्राजी की 'वैजयन्ती' पढ़कर महीनों
वृन्दावन की गलियों मे घूमती रही,
श्रीकृष्ण संग बतियाती रही।

कई कहानियाँ, कई पात्र आज भी
आँखों के समक्ष सजीव हो उठते हैं,
मनोरंजक पुस्तकों से अध्यात्म की पुस्तकें
हर पुस्तक एक नया सन्देश दे जाती है,
जीवन के मोल को समझा जाती हैं,
पुस्तकें ख़रीदें–उसे पढ़ें, महसूस करें
अपने हाथों से पन्ने पलटें
उसकी महक को महसूस करें।

किताबें लेने-देने के बहाने
कई रिश्ते बन जाते हैं,
अनजान अपने बन जाते हैं।

क्या कभी कोई भूल सकता है
फ़िल्म मेरे मेहबूब का वो दृश्य
जब किताबें हाथ से छूटती हैं
और नायक-नायिका पहली बार मिलते हैं।
शायद आप भी गुनगुना रहे हैं,
"मेरे मेहबूब तुझे मेरी मोहब्बत की क़सम"
जी हाँ पुस्तकें बहुत कमाल करती हैं।
आइए इनकी दुनिया में प्रवेश करते हैं।

पुस्तकें मेरी संगी

अकेलेपन की सहेली,
हरदम साथ रहतीं,
हरदम नयी बात सिखातीं,
जीवन जीने की उम्मीद बनाये रखतीं,
अक्सर लोग कहते हैं,
"मैं बोर हो रहा हूँ, मैं बोर हो रही हूँ।"

पर मेरी किताबें और मैं अक्सर बातें करते हैं
"आख़िर यह 'बोर' किस चिड़िया का नाम है"
क्यों लोग बोर होते हैं?
और हम खिलखिला कर हँस पड़ते हैं।

सच कहती हूँ अरे किताबों से नाता जोड़ लो,
किताबें कभी बोर नहीं होने देतीं।
किताबें तो ज्ञान का अजस्र भण्डार होती हैं।

हमारे सामने कई रहस्य खोल देती हैं,
हमें एक अलग दुनिया में ले जाती हैं,
अध्यात्म, रहस्य, रोमांच, रोमांस, मनोरंजन,
विज्ञान न जाने कितने लोकों में ले जाती हैं।

पूरे विश्व को हमारे समक्ष खड़ा कर देती हैं,
इतिहास में ले जाती हैं,
भविष्य की सैर करा देती हैं
वर्तमान को महका देती हैं।

यह सिर्फ़ किताबें नहीं हैं,
यह तो हमसखा-हमराज़ हैं
जीवन के सारे तत्त्व इसमें छिपे होते हैं,
परियों से मिला देती हैं,
जंगल की सैर करा देती हैं
ख़्वाबों की दुनिया को साकार कर देती हैं।
किताबें सिर्फ़ पन्नों पर लिखी गयी बातें नहीं है,
यह तो समाज की सोच का,
दूरदर्शिता का सच्चा आईना होती हैं।

किताबों से जो जुड़ जाता है, ज्ञान का
अमूल्य ख़ज़ाना पा जाता है,
किताबें जिसकी साथी
वह कभी अकेला नहीं होता,
एक अदद दुनिया उसके साथ-साथ चलती है।

क़लम की ताक़त

मैं रचनाकार हूँ, मैं कवि हूँ, मैं लेखक हूँ,
क़लम ही मेरा हथियार,
क़लम ही मेरा बल है।
छोटी-सी है पर तलवार से तेज़ है,
हर शब्द इसका जैसे सजीव सन्देश है।

जब कोरा काग़ज़ क़लम को पाता है,
भावनाओं से सजी एक दुनिया बसाता है।
रचनाकार अपनी ओजस्वी लेखनी से,
कालजयी शब्दों की माला रचाता है।

क्रान्ति की ज्वाला भी यही जलाती है,
जब तलवारें हारती हैं, यही सहारा बन जाती है।
गुलाब की पंखुड़ियों में लिपटी,
बिना रक्त बहाये गहरे घाव कर जाती है।

यह क़लम ही है जो इतिहास रचाती है,
देश-काल की सीमाओं से परे,
विद्वानों की पहचान बन जाती है।
कभी बिकती नहीं, कभी बन्धन में नहीं आती,

झूठ का सहारा नहीं लेती,
सच्चाई की राह चलती जाती।

सूर्य जैसी तेजस्वी, चाँद जैसी धवल,
पर्वत जैसी अटल, सच्चाई की अमर ग़ज़ल।
समाज का आईना बन हर क़दम साथ चलती है,
हर अन्याय से टकराकर हौसलों से भरती है।

छोटा समझकर इसका उपहास मत करना,
इसमें वो धार है जो तलवार को बेधार कर दे।
मुझे प्रिय है मेरा यह नन्हा हथियार,
क़लम की ताक़त ही मेरी असली पहचान।

जीवन एक सफ़र

ज़िन्दगी एक सफ़र यह पढ़ते ही मुझे
फ़िल्म 'अन्दाज़' का यह गाना याद आ गया
"ज़िन्दगी एक सफ़र है सुहाना,
यहाँ कल क्या हो किसने जाना।"

जी हाँ, जीवन है अनमोल,
आती-जाती साँसें यह कहती हैं,
जी भरकर इसको जियो,
यह तो चन्द घड़ियों का वास।

लम्हा-लम्हा गुज़र जाता है,
रेत की तरह फिसल जाता है।
हर पल हर घड़ी जीवन बदलता है,
जी भरकर इसको जियो,
न जाने कब साँस रुक जाती है।

तेरे मेरे के फेर में न पड़ो,
जो अपना है उसको सहेज लो,
मनुष्य जन्म पाना मुश्किल है,
जी भरकर इसको जी लो,
प्यार से इसको भर दो।

जीवन एक सफ़र है,
इसे हमसफ़र बना लो,
ख़ुशियाँ बाँटो-मुस्कराते रहो,
जी भरकर इसको जी लो,
न जाने कब विदा हो जायेंगे।

मानव जीवन अद्भुत-अलौकिक,
मन की परतों में कितना कुछ छुपा है,
ईर्ष्या-राग-द्वेष-क्रोध-मोह-माया,
सबका कर दो त्याग,
स्नेह-ममता-परोपकार
से भर दो घट,
जी भरकर इसको जी लो,
कल हम हों न हों।

याद करेगी दुनिया,
गुण गायेगी दुनिया,
इस जीवन को सार्थक कर लो।
जी भरकर इसको जी लो,
हर पल जी भर कर जी लो।

हम दीवाने आज़ादी के

हम दीवाने आज़ादी के,
रग-रग में चाहत आज़ादी की,
हमको कोई डर नहीं,
सिर पर कफ़न बाँधे,
हम चलते हैं,
पग-पग बिखरी ज़ंजीरों को तोड़ते हैं।

हमको कोई क्या रोकेगा,
न दरिया, न सागर, न पर्वत,
हमारी राह रोक पायेंगे।
हम दीवाने आज़ादी के,
देश की ख़ातिर मर मिटेंगे,
मैं ही आज़ाद, मैं ही भगत सिंह, सुखदेव, राजगुरू,
मैं ही लाल-बाल-पाल,
मैं ही सुभाष-प्रताप-शिवाजी,
मैं ही लक्ष्मीबाई-पद्मिनी-पन्नाधाय,
अनगिनत नाम मेरे,
देशभक्त कहो, क्रान्तिकारी कहो,
जांबाज़ सिपाही कहो, शूरवीर, रणबाँकुरे कहो,
अमन चैन की बातें करते हम,

पर देश पर जब बन आये,
ख़ून की होली खेलने से पीछे नहीं हटते।

मेरा वतन जिये, मेरा चमन आबाद रहे,
मेरा तिरंगा हरदम लहराये,
हँसते-हँसते चढ़ जायेंगे सूली।

हम दीवाने आज़ादी के,
जान हथेली पर लेकर चलने वाले।
धरती माँ की आन बचाने,
मिट्टी को अपने ख़ून से रंग देंगे,
माँ तेरे सीने पर कोई दुश्मन न वार करे,
तेरे क़दमों में अपनी लाश बिछा देंगे।

हम दीवाने आज़ादी के,
हमसे कोई जीत न पायेगा,
दुश्मन हर बार मात खायेगा,
मेरा भारत विश्व गुरु कहलायेगा,
मेरा तिरंगा हरदम लहरायेगा,
हम दीवाने आज़ादी के।

प्यारे गणतन्त्र-न्यारे गणतन्त्र

वर्षों हमने तुम्हारा इन्तज़ार किया,
जब तुम आये, साथ में भारत का संविधान लाये,
तुम आये ख़ुशियाँ महकीं, बुलबुल चहकी,
गली-गली प्रभात फेरी निकली,
देशभक्ति-क्रान्तिकारियों की शहादत रंग लायी,

हर हाथ में तिरंगा लहराया,
उसे बड़े गर्व से हमने फहराया,
यह तीन रंग कानों में, तीन बातें कहते हैं,
केसरिया कहता आगे बढ़ो
देश की ख़ातिर मर-मिटो।
सफ़ेद शान्ति का सन्देश देता
अमन चैन की बातें सिखलाता।

हरा कहता अपनी धरती को,
अपनी वसुन्धरा को हरी भरी बनाओ,
धान्य के धन से उसे लहराओ,
नीला चक्र कहता
जाओ आसमान असीम है
जो पाना चाहो, पा लो

रुको मत, बस तुम बढ़ते जाओ।
इस गणतन्त्र की क़ीमत पहचानो,

सदियों के बाद मिली आज़ादी
इसकी रक्षा हरदम करो।

भारत मेरी माँ है, मातृभूमि है,
इसकी आन-बान-शान का
विश्व में परचम फहराओ
यह मात्र ज़मीन का टुकड़ा नहीं,
इसमें सवा सौ करोड़
भारतवासियों के दिल धड़कते हैं,
यह जीता जागता राष्ट्रपुरुष है
आओ प्रण करें इस गणतन्त्र दिवस पर,
इस सनातन भूमि भारत की,
महान परम्पराओं–महान संस्कृति
महान विरासतों को,
अक्षुण्ण रखेंगे, भारत को फिर से विश्व गुरु बनायेंगे
जय हिन्द-भारत माता की जय।

मेरा देश का सैनिक

मेरा देश का सैनिक, हमारा गर्व है,
हमारी आन, बान और शान का पर्व है।
इनको देखकर अभिमान होता है,
इनके कारण ही हर जन चैन से सोता है।

घर में सुकून से हम जीते हैं,
ठण्डी हवा में बैठकर खाते-पीते हैं।

पर ये तपती धूप हो या कड़कड़ाती सर्दी,
हर हाल में निभाते हैं अपनी, अपनी वर्दी की गर्मी।

जहाँ समय मिला, जहाँ जगह मिली,
ज़मीन को घर मान, वहीं बैठ भोजन किया।
चारदीवारी की ज़रूरत नहीं इनको,
धरती माता ही इनका आश्रय है सदा को।

इनका एक परिवार, इनका एक जहान,
दुश्मनों के छक्के छुड़ाते वीर जवान।
सीने पर गोली खाते हैं,
पर तिरंगे को सदा लहराते हैं।

त्याग और समर्पण जिनका आधार,
उनके आगे छोटी है दुनिया अपार।
महीनों घर से दूर बिताते हैं,
देशभक्ति में हर जज़्बा भुलाते हैं।

धन्य हैं ये, नमन इनको,
हमारी रक्षा में समर्पित मन को।
जब भी कोई सैनिक सामने आये,
सम्मान में खड़े हो, ताली बजाये।

जय हिन्द! भारत माता की जय!

मैं राष्ट्र प्रहरी हूँ

मैं राष्ट्र प्रहरी हूँ,
मरने से नहीं डरता...!
सिर पर कफ़न बाँधकर,
चलता हूँ युद्ध के मैदान में,
सीना ताने,
दुश्मनों के छक्के छुड़ा देता हूँ...!
न माइनस डिग्री की ठण्ड,
न भयंकर गर्मी,
मुझे परेशान करती है...!

विचलित करती है,
तो घर से आयी कोई चिट्ठी,
जिसमें पत्नी के आँसुओं में डूबे धुँधले शब्द,
जब ख़त में उभरते हैं,
तो जज़्बातों पर क़ाबू करना
मुश्किल-सा लगने लगता है...!

याद आ जातीं उसकी सारी स्नेहिल बातें।
बच्चों का नटखटपन और

उनकी मासूम शरारतें,
मानस पटल पर कौंध जाती हैं,
मैं भी कैसा बेबस हूँ
जो उन्हें पल पल बढ़ते देख नहीं सकता।
बूढ़े माता-पिता की सेवा से वंचित
होने का तो ख़याल आते ही रुलाई
आ जाती है...! क्या-क्या याद करूँ!
दिल को टीस देने वाली ऐसी कितनी ही बातें हैं...!

हाँ, पर यह सोच...
अधिक वक़्त तक क़ायम नहीं रहती,
विचारों को झटक देता हूँ,
मातृभूमि को वन्दन करता हूँ,
और ख़ुद को याद दिलाता हूँ,
कि मेरा धर्म-मेरा कर्म,
तो मेरे देश की रक्षा करना है...!
मेरा देश सुरक्षित है
तो हम सब सुरक्षित हैं।
देश की ख़ातिर हम प्राणों की बाजी लगा देंगे।

पर मन तो आख़िर मन है,
कभी सोचता भी है "क्या इस बार घर मैं जा पाऊँगा?
परिवार के संग दिन बिता पाऊँगा?

नवविवाहिता राह देख रही होगी,
क्या उसके अरमानों को पूरा कर पाऊँगा?

प्रसव पीड़ा में साथ रह पाऊँगा,
नवजात बच्चे की किलकारी को सुन पाऊँगा?
इस ख़ुशी को क्या सबके साथ बाँट पाऊँगा?"

विचारों का मन्थन चलता रहता है,
पर देश प्रेम सब रिश्तों पर हावी रहता है और
इस चिट्ठी के जवाब में जाने कौन
मेरा हाथ पकड़कर
मुझसे लिखवा लेता है कि, "घबराओ मत, न चिन्तित हो,
हम देश के सुरक्षा बल हैं,
साँसें हैं हमारी दुश्मन को,
ख़त्म करने के लिए,
ग़र शहीद हो भी गये तो
इतिहास के पन्नों पर अमर हो जायेंगे,
इतिहास के पन्नों पर अमर हो जायेंगे।

हम राष्ट्र प्रहरी हैं, मौत
से कभी नहीं घबराएँगे...!
पर क्या हम देशवासियों का कोई कर्तव्य नहीं?
उनके सपनों में रंग भरना क्या हमारा धर्म नहीं?

अब वक़्त आ गया है जवाबी हमले का,
एक के बदले ग्यारह। पर कुछ ऐसा हो जाये
आतंकवाद जड़ से ख़त्म हो जाये और
बेवजह एक भी सैनिक शहीद न होने पाये।"

मेरी मातृभूमि, मेरा राजस्थान

मेरी मातृभूमि, मेरा राजस्थान,
वीर योद्धा, ऋषि, मुनि, सन्त की मातृभूमि,
यहाँ के कण-कण में वीरता की महक,
दरो-दीवार में स्वामिभक्ति की मिसाल,
क़िले-दुर्ग, महल, मन्दिर और रेगिस्तान,
बलिदान एवं शौर्य का धनी मेरा राजस्थान।

वीर प्रसूता इस पावन भूमि पर,
स्वराज्य सूर्य महाराणा प्रताप का प्रण,
हल्दीघाटी का रण और चेतक का बलिदान,
अदम्य साहसी राणा सांगा और उनकी तलवार,
अस्सी घाव खाकर भी जो करे दुश्मनों का संहार,
बलिदान एवं शौर्य का धनी मेरा राजस्थान।

सुनकर कविवर चन्दबरदाई की प्रेरक वाणी,
पृथ्वीराज ने हार को जीत में बदलने की ठानी,
शब्दभेदी बाण से, भेद दिया दुष्ट गोरी का सीना,
कटा सिर रण में वीर जुंझार का, फिर भी धड़ लड़ता रहा
जबतक ख़त्म न हुआ शत्रु, वह संहार करता रहा।
जयमाल राठौड़, रायमलोत कल्ला की अद्भुत वीरता,

अमरसिंह और जैतसिंह चुड़ावत की आन-बान-शान,
राजकुमारी रत्नावती और वीर बाला चम्पा का त्याग
रानी पद्मिनी और उनकी सखियों का जौहर,
रतनसिंह चूड़ावत को हाड़ा रानी का उपहार,
कर्णावती की वह राखी और भामाशाह का दान
बलिदान एवं शौर्य का धनी मेरा राजस्थान।

भक्तशिरोमणि करमा बाई की भक्ति,
योगन राजकुमारी मीरा की कृष्णभक्ति,
स्वामिभक्त पन्नाधाय की कर्तव्य-पूर्ति,
वीरांगना रानी बाघेली का बलिदान,
यहाँ के कण-कण में वीरता की महक,
बलिदान एवं शौर्य का धनी मेरा राजस्थान।

राजाओं-महाराजाओं की यह भूमि
महल-हवेलियों, बुर्ज की यह भूमि
धुमर-कलबेलिया की भूमि
हस्तकलाओं-कविताओं की भूमि
इसके रग-रग में कलाओं का भण्डार
बलिदान एवं शौर्य का धनी मेरा राजस्थान।

आओ हम सब याद करें, आज उन वीर जवानों को

आओ हम सब याद करें, आज उन वीर जवानों को,
इतिहास भी जिन्हें भूल चुका है, ऐसे अमर जवानों को।

दुश्मन को पहले रोका फिर कर गये जो जीवन क़ुर्बान,
जिनकी न हैं कोई समाधि, ना ही किसी पत्थर पर नाम,
गूँजी न कहीं कोई भी तोप, अब तक जिनकी शान में,
जिनके बलिदानों की गाथा, गुँथी ना कोई गान में,
आओ हम सब याद करें, आज उन वीर जवानों को...

इतिहास के पन्नों पर जिनकी, लिखी नहीं है कोई कहानी,
जिनके बलिदानों को हमने, ना दी अब तक कोई सलामी,
मातृभूमि की ख़ातिर जो, कर गये अपने शीश का दान,
दीवाने आज़ादी के थे, वे रख गये भारत का मान।

आओ हम सब याद करें, आज उन वीर जवानों को...

ना हैं तस्वीरें भी जिनकी, और ना ही हैं कोई निशान,
जिनके घर की माँग है सूनी, बाक़ी है, उनका सम्मान,
देश की ख़ातिर शूरवीर जो कर गये अपना जीवन अर्पण,
समय आ गया है अब हमको करना होगा उनका तर्पण।
आओ हम सब याद करें, आज उन वीर जवानों को...

ना देखा परिवार जिन्होंने, ना सोचा घर बार का,
भाई-बहन को भी वो भूले, देखा दुश्मन पार का,
जिनका माथा झुका कभी ना सीमा पर भी गोली से,
और सीने भी छलनी हो गये, खेल लहू की होली से।

आओ हम सब याद करें, आज उन वीर जवानों को...
इतिहास भी जिन्हें भूल चुका है, ऐसे अमर जवानों को...
उनकी यशगाथा को गाने, आओ मिलकर जश्न मनाएँ,
अपने बलिदानी वीरों के, सपनों का हम देश बनाएँ...।
आओ हम सब याद करें।

हमारी राष्ट्रभाषा बने हिन्दी

मेरी मातृभाषा है हिन्दी
पुष्प की अभिलाषा है हिन्दी
भारत के सभी प्रान्तों को
एक धागे में पिरोती है हिन्दी।

हज़ार वर्ष का समृद्ध साहित्य है हिन्दी,
अपभ्रंश के समर्थ कवि से ही हिन्दी भाषा का जन्म
'स्वयंभू' का पउम चरिया (पउम चरित) है हिन्दी
कबीर की वाणी-साखी
मीरा का गोपाला है हिन्दी।

सूरदास की बाल लीला
बिहारी का श्रृंगार रस
रहीम के दोहे–सोरठे–बरवै
सन्तोष धन है हिन्दी।

रैदास का चन्दन पानी
ख़ुसरो की पहेलियाँ-मुकरियाँ
नवीन की उर्मिला के गले में
तुलसी के पद पिरोती है हिन्दी।

गुप्त की भारत-भारती
मिश्र की त्रिकाल संध्या आरती
सुभद्रा के 'बिखरे-मोती'
देशभक्ति का 'बहता झरना' है हिन्दी।

भारतेन्दु की खड़ी बोली
कालिदास का मेघदूत
मुल्ला दाऊद की प्रेमकथा चन्द्रायन
पं. द्विवेदी का जागरण सुधार काल है हिन्दी।

गुरु नानक की 'जपुजी'
जायसी की पद्मावत
सुमन का जीवन के गान
अज्ञेय का पद्य और गद्य है हिन्दी

बच्चन की मधुशाला
धर्मवीर की कनुप्रिया
प्रसाद की कामायनी
महादेवी के गीतों की रवानी है हिन्दी।

युगवाणी पन्त की पुकारती है हिन्दी
दिनकर की रसवन्ती बातें है हिन्दी
चन्दरबरदाई का पृथ्वीराज रासो
प्रेमचन्द की अद्भुत कहानियाँ है हिन्दी।

निराला की राम की शक्ति-पूजा महाकविता है हिन्दी
दुष्यन्त की अनमोल ग़ज़लें

भगवती की चित्रलेखा
नीरज का प्रेम रस प्याला है हिन्दी।

शिवानी, मृदुला सिन्हा
पुष्पा भारती, फणीश्वरनाथ रेणु,
कमलेश्वर, देवीकनन्दन खत्री, गुलेरी, नरेन्द्र कोहली,
भीष्म साहनी-यशपाल, जैनेन्द्र कुमार
अनगिनत साहित्यकारों की क़लम है हिन्दी।

इस छोटी-सी कविता में समेट सकती नहीं
हिन्दी साहित्य के रत्नों को
एक-एक अमूल्य धरोहर है
कोहिनूर है हमारी हिन्दी।

सच कहूँ तो एक अनुपम वरदान है हिन्दी
साहित्य की जान है हिन्दी
फ़ीजी, मॉरीशस, मालदीव, सूरिनाम,
दक्षिणी अफ्रीका, त्रिनिदाद तथा विश्व की सवा सौ विश्वविद्यालय में
बड़े गर्व से बोली और पढ़ी जाती है हिन्दी।

यह हिन्दी साहित्य उपवन है बड़ा निराला
कभी न मुरझाये ऐसे विभिन्न महकते फूलों का
नमन-नमन-नमन
हमारे माथे की बिन्दिया है हमारी हिन्दी।

अभिमान से कहो हमारी राजभाषा ही नहीं
राष्ट्रभाषा भी हो हिन्दी।

ख़ूबसूरत कश्मीर की वादियों का सच

शाम ढल चुकी है, बालकनी में
सामायिक करने बैठी हूँ,
सामने समन्दर की मौजें
अठखेलियाँ कर रही हैं।
ऐसी शीतल हवा चल रही है,
मानो कश्मीर की वादियों में
डल झील के अन्दर शिकारे पर बैठ
ठण्डी-ठण्डी हवाओं का आनन्द उठा रही हूँ।
सामायिक समाप्त हुई और क़लम ने
काग़ज़ पर यह आपबीती उकेर दी।
अचानक याद आ गया
बरसों पहले का वह पल,
जब परिवार के साथ कश्मीर घूमने गये थे।
कोहरे की चादर में लिपटा हुआ कश्मीर
मानस पटल पर कौंध गया।
भूली-बिसरी यादें, वह सुहाना मंज़र,
बर्फ़ से ढकी पहाड़ों की चोटियाँ,
ख़ुशबू बिखेरता निशात बाग़,
शंकराचार्य की मन्दिर की घण्टियाँ,
आसमान से बातें करते चिनार के वृक्ष,

झेलम का बहता पानी, नदी किनारे बसा
वह पहलगाम का ख़ूबसूरत होटल,
गुलमर्ग की स्कीइंग, वह स्वर्ग-सा सौन्दर्य,
जिसे कोई चित्रकार अपने
तूलिका से सँवार नहीं सकता।
जी चाहता था यहीं बस जायें।
वो भोले और मासूम लोग,
तब न कोई झगड़ा था, ना कोई फ़साद,

कश्मीर के लोग अपने से थे।
वह अखरोट बेचता पठान,
कालीन और पश्मीना शाल की
ख़ूबसूरती बयान करते जुलाहे।
कश्मीर का प्राकृतिक सौन्दर्य तो वही है,
पर अब न वह आत्मीयता दिखती
और ना ही वह अपनापन।
जाने वह अपना कश्मीर कहाँ खो गया।
कब मिटेंगी यह दूरियाँ,
कब ख़त्म होगा आतंकवाद?
कब यह अलौकिक सौन्दर्य
फिर से अपनी ख़ूबसूरती के साथ खिल उठेगा,
कब यह आसमान काले बारूदी धुएँ से
निकल कर फिर नीला होगा
और कब हम बिना डर के कश्मीर में
फिर आज़ादी से घूम सकेंगे?

मिलो ओ प्रभु!

जन्मोजन्म मिलो ओ मेरे प्रभु
रहे सर पर सदा तुम्हारा हाथ ओ प्रभु,
तुम बिन मुझको चैन नहीं आता,
तुम बिन मैं तो हूँ अधूरी ओ प्रभु!

मान लिया मैंने तुमको अपना सब कुछ,
मेरी प्रीत के बन्धन से
बच न पाओगे ओ प्रभु,

तू ही पार्श्व मेरा, तू ही महावीर मेरा,
तू ही साँवरा मेरा–तू ही कृष्ण कान्हा मेरा
आठों प्रहर आँखों में रहते हो तुम ओ प्रभु!
ओ हो हो कितना सुन्दर मुखड़ा तेरा

नयनों से बरसती स्नेह की धारा
इस धारा में हो जाऊँ निर्मल ओ प्रभु!
हर साँस में रटन तेरा,
चारों तरफ़ लगता है जैसे आरस
उसमें तुम ही तुम दिखते हो मुझको ओ प्रभु!

यह बन्धन कभी ना टूटे,
यह चाहत कभी ना छूटे,
सखा बनकर हरदम रहना ओ प्रभु,
जन्मोजन्म मिलो ओ मेरे प्रभु!

हे प्रभु तेरे दर्शन को पा जाऊँ
(कोरोना काल में जब मन्दिर बन्द थे)

तेरी मूरत को निहारूँ
इतनी-सी है दिल की आरज़ू।
तेरी मन्दिर के पट खोलूँ
तेरे भक्ति गीतों को गाऊँ
इतनी-सी है दिल की आरज़ू।
तेरी पूजा मैं कर पाऊँ
तेरी आंगी मैं सजाऊँ
इतनी-सी है दिल की आरज़ू।
तुझको फूलों से सजाऊँ
तुझको मोती से रचाऊँ
इतनी-सी है दिल की आरज़ू।
कितने दिन बीते
अब तो मुख देखूँ
तुझको निहारूँ
तेरे गीतो को गाऊँ
चन्दनहार चढ़ाऊँ
तुझको दिल में बसा लूँ
बस इतनी-सी है दिल की आरजू
आ जाओ आ जाओ,

बस एक बार आ जाओ,
मेरी पुकार तुम सुन कर,
मुझको दर्शन करा दो
मुझको गले से लगा जाओ
इतनी-सी है दिल की आरज़ू।
मैं मीरा बन जाऊँ,
शबरी जैसी भक्ति कर लूँ,
केवट की अरदास बन जाऊँ,
सूर का हृदय बन जाऊँ,
चन्दनबाला बन जाऊँ,
रेवती सुलसा बन जाऊँ,
तीर्थंकर गोत्र उपार्जित करूँ,
ऐसी भक्ति करूँ
जीवन धन्य बन जाये,
भक्त और भगवान में
कोई भेद ना रहे,
मैं तुम में समा तुम बन जाऊँ
इतनी-सी है दिल की आरज़ू।

प्रभु अब तुम दूर न जा पाओगे मुझसे

प्रभु अब तुम दूर न जा पाओगे मुझसे,
मैंने आँखों में तुम्हें बसा लिया है,
कैसे बचकर जाओगे आप,
हृदय रूपी मन्दिर में तुम्हें बिठा दिया है।

तुम मुझको भूलो, यह न होने दूँगी,
दिन-रात नाम तेरा पुकारूँगी,
मेरी पुकार पर तुमको आना ही होगा,
मुझे अपनी शरण में लेना ही होगा।

माना तुम वीतरागी हो,
पर नेह बन्धन से तुम्हें बाँध लूँगी,
माता-पिता भाई-बहन सखा,
हर रिश्ता तुझसे जोड़ूँगी,
तुम कोमल मन के,
कैसे इस स्नेह बन्धन में न बँधोगे।

प्रभु मेरे दिन-रात,
सुबह शाम में तुम्हीं ही गुनगुनाते हो,
मेरे जीवन रथ के तुम्हीं सारथी हो,

मेरी नैया के ओ नाविक,
भव पार तुम्हीं ले जाओगे।

मंजू की है बस इतनी अर्ज़,
हर जन्म तुम्हारे चरणों में बीते,
एक दिन ऐसी कृपा करना,
जन्म-मरण के फेर से मुक्त करा देना।

हे ज्ञान देवी शारदे माँ

हे ज्ञान देवी शारदे माँ,
स्वीकार करो चरण वन्दना।
हर पथ पर तू ज्योति जलाये,
जीवन का दर्शन समझाये।

हर गुरु, हर शिक्षक से ऊँची,
तेरी महिमा अपरम्पार।
तूने सिखाया हर इक सबक,
बनाया जीवन ख़ुशगवार।

प्रथम गुरु मेरी माता,
जिसने जन्म दिया अनमोल।
घुट्टी में संस्कार पिलाये,
सिखाया प्रेम, सिखाया बोल।

द्वितीय गुरु मेरे बाबा,
जिनकी उँगली पकड़ कर चली।
संस्कारों की छाँव में पलकर,
जीवन की आधारशिला मिली।

शिशु मन्दिर की शिक्षिका,
जिसने अक्षर ज्ञान दिया।
हर कक्षा में दीप जलाया,
बुद्धि को उत्थान दिया।

कैसे भूलूँ उन शिक्षकों को,
जिन्होंने राह सुझायी।
विद्यालय से महाविद्यालय तक,
ज्ञान की अलख जगायी।

पाठशाला की गुरुवर्या ने,
धर्म का मर्म सिखाया।
संयम, साधना, सत्य, प्रेम,
सबका सुन्दर भाव बताया।

साधु-साध्वी गुरुजनों से,
अमूल्य सार मिला।
जीवन के सच्चे अर्थों का,
सहज उपहार मिला।

सास-ससुर बने मार्गदर्शक,
ससुराल में सहज चलाया।
पति रूपी गुरु ने मुझको,
नये जीवन से परिचित कराया।

बच्चे, बहुएँ, पोते-पोतियाँ,
नये युग की सीख सिखाते।
हर पीढ़ी का ज्ञान नया है,
रिश्ते-नाते प्रेम बढ़ाते।

भाई-बहन, सखी-सहेली,
समाज के हर इक चेहरे।
रिश्तों को निभाने का मन्त्र,
सबने मुझको दिये घनेरे।

हर इन्सान है एक शिक्षक,
हर अनुभव है एक पाठ।
कठिनाइयों से जूझकर सीखा,
कैसे बनता अपना हाथ।

परमात्मा रूपी गुरु मेरे,
जिनके बिना शून्य मैं।
वही आधार, वही सम्बल,
हर पल उनके साथ मैं।

शब्दों में बाँध न पाऊँ,
उनकी लीला अपरम्पार।
वही सखा, वही प्रियतम,
वही जीवन का आधार।

धन्यवाद, धन्यवाद, धन्यवाद,
हर उस गुरु को नमन।
जिनसे मैंने जीवन सीखा,
और सीखूँगी जीवन भर।

ज्ञान अनन्त, सीख सतत,
यही रहे मेरा प्रण।
हे शारदे माँ, कृपा रखना,
बना रहे यह ज्ञान संगम।

सत्य

'सत्यमेव जयते', सदा सच बोलो,
सत्य की हमेशा जीत होती है,
ऐसे अनगिनत वाक्य हमें जन्मजात,
घूँटी में पिलाये जाते हैं।
पर सत्य है क्या,
जो मेरे लिए सच है,
वह क्या दूसरे के लिए भी है?
गिलास आधा भरा है,
गिलास आधा ख़ाली है,
दोनों ही सत्य है।
सत्य के लिए व्यापक दृष्टि चाहिए,
प्रभु महावीर के सिद्धान्त अनेकान्तवाद,
को समझने की गहराई चाहिए।
कई बार कानों सुनी और आँखों देखी,
भी ग़लत हो जाया करती है।
सत्य सुनने के लिए, समझने के लिए, धैर्य चाहिए
समझ चाहिए, दृष्टिकोण बड़ा चाहिए।
पर एक बात तो है,
ज़िन्दगी में सत्य का बहुत महत्त्व है,
झूठ के पैर नहीं होते,

झूठा व्यक्ति, एक बार आपको बातों में उलझायेगा,
लेकिन झूठ पकड़े जाने पर, सबकी नज़रों में गिर जायेगा।
सच बोलने वाले को कोई डर नहीं रहता है,
क्योंकि हर बार उसका जवाब वही रहता है,
पर झूठ बोलने वाला, हरदम गड़बड़ाता है
हर बार, कोई नयी बात बताता है।
यह कलयुग है, आज सच को,
कठिन दौर से गुज़रना पड़ रहा है।
पर सत्य की परीक्षा तो,
हर युग में होती आयी है,
तभी तो हम आज भी सतयुग के,
राजा हरिश्चन्द्र को याद रखते हैं,
सच के मार्ग पर चलने से,
उन्हें तकलीफ़ें तो उठानी पड़ीं,
पर वह अपने निश्चय पर अटल रहे,
और सदा के लिए इतिहास के पन्नों पर अमर हो गये।
सच आपकी परीक्षा लेता है,

पर सच्चे व्यक्ति की सभी क़द्र करते हैं।
एक ज़माना ऐसा था,
जब मूँछ के बाल पर भी भरोसा किया जाता था,
वह आन-बान-शान का प्रतीक होता था।
याद रखो सच्चा व्यक्ति सदैव विजयी होता है।
पर एक बात कहना चाहूँगी,
ऐसा सच किसी के सामने प्रकट मत करना,
जो किसी की अस्मिता पर दाग़ लगा दे।
किसी झूठ को अगर जान लो,
एकान्त में उस व्यक्ति को बताकर, सुधारने का मौक़ा दो।

जिसे परदे की ज़रूरत है, उसे बेपर्दा मत करो।
किसी की भलाई की ख़ातिर सबसे बड़ा सच यही है,
कि मौन धारण कर लो।
अन्त में यही कहूँगी कि, सच के साथ ईश्वर होता है,
सच्चे व्यक्ति की ईश्वर हमेशा मदद करता है,
इसलिए तो 'कृष्ण' बने थे 'अर्जुन' के सारथी,
'प्रभु महावीर' ने तार दिया 'चन्दनबाला' को,
गौतम को 'लब्धि धारी गौतम स्वामी' बना दिया,
'राम' ने साथ दिया 'सुग्रीव' का और
भक्त 'हनुमान' को भगवान ही बना दिया।

प्रेम का प्रतीक : श्रीराधा-श्रीकृष्ण

श्रीराधा-श्रीकृष्ण का प्रेम–
अटूट, अद्भुत, अलौकिक,
इस संसार में दुर्लभ ऐसा
बन गया अमर प्रतीक।

श्रीकृष्ण का नाम जपते ही,
राधारानी की छवि साथ उभरे।
आठ पटरानियों के स्वामी,
पर हृदय-सिंहासन पर
केवल राधा जी ही विराजें।

मीरा ने जब भक्ति में डूब
गिरिधर गोपाल को पाया,
आत्मा समर्पण कर
अन्ततः उन्हीं में लय हो गयी।

द्रौपदी के बने सखा,
लाज बचायी, चीर बढ़ाया।
कतरन के एक टुकड़े ने
कृष्ण को सदा के लिए
बन्धन में बाँध लिया।

अद्‌भुत हैं उनकी लीलाएँ,
साँवले सलोने श्याम,
अनुपम सौन्दर्य के स्वामी,
मन्द-मन्द मुस्कान अधरों पर,
आँखों में गहराई, शरारत की चमक।

बाँसुरी से जब छेड़ते धुन,
सारा संसार हो जाता स्तब्ध।
माखन चुराना, मटकी फोड़ना,
गोपियों से छेड़खानी करना–
यह सब बाललीलाएँ हैं।
पर राधा के रूठने से
काँप उठता उनका मन।

कदम्ब का पेड़, वैजयन्ती की माला,
राधारानी संग झूले झूलते नन्दलाला।
रास रचाते प्रेम के भाव में,
हर पल राधा में रमते कृष्ण।

हे श्याम! हे नन्द के लाल!
बन जाओ मेरे भी सखा,
मुझको अपनी शरण में ले लो।
मेरे जीवन को भी कर दो धन्य,
मुझ पर भी प्रेम का निर्झर बहा दो।

बाँसुरी

मुझे बाँसुरी बहुत पसन्द है
यह मेरे श्याम का मनपसन्द वाद्य है,
जब भी बाँसुरी सुनती हूँ
ब्रजधाम पहुँच जाती हूँ,

ऐसा लगता श्रीकृष्ण यहीं कहीं आसपास हैं,
कानों में उनकी बाँसुरी की मीठी-मधुर
तान सुनाई देने लगती है,
श्याम सलोने से एक अद्‌भुत मुलाक़ात हो जाती है।

आँखों के समक्ष उनका
दैदीप्यमान-सुन्दर-सलोना
मुखड़ा दिखाई देने लगता है,

पूनम की रात, चाँदनी चारों तरफ़ बिखरी हुई,
कदम्ब के पेड़ तले
पीताम्बर धारे, मोर पंख सजाये,
वैजयन्ती को गले से लगाये,
होंठों पर बाँसुरी
साथ में राधारानी

चारों तरफ़ गोप गोपियाँ,
ज्यों ही बाँसुरी बजने लगती है,
उस तान में खोकर, सुधबुध बिखराकर
सभी झूमने लगते हैं,

यमुना का पानी हिलोरें लेने लगता है,
पशु-पक्षी भी नृत्य करने लगते हैं,
फूल-हवाएँ सारा संसार स्तम्भित हो जाता है,

ऐसा दृश्य देखकर
मन अन्दर से प्रफुल्लित हो उठता है,
श्रीकृष्ण के चरणों में
नतमस्तक हो जाता है।

श्याम की बाँसुरी सन्देश दे जाती है,
बिन बुलाये मत बोलो,
जब भी बोलो मीठा बोलो,
हृदय में कोई गाँठ मत रखो,
किसी से कोई बैर-भाव मत रखो,
ख़ुश रहो-आनन्द बाँटो-आनन्दित रहो।

बोलो श्रीकृष्ण कन्हाई, श्याम सलोने, मुरली मनोहर की जय।

राम, हाँ वह राम थे

हाँ वह राम थे
जो राज्य अभिषेक छोड़कर वन को चले गये,
हाँ वह राम थे जो पिता के वचन की ख़ातिर
सब सुख-सुविधा छोड़कर 14 वर्ष के लिए वनवास चले गये।

हाँ वह राम थे जो गुरु की आज्ञा से राक्षसों का संहार करने चल पड़े,
हाँ वह राम थे जिन्होंने शिवजी का धनुष एक क्षण में तोड़ दिया
और माता जानकी को ब्याह कर अयोध्या ले आये।

हाँ वह राम थे जो दुखियों के सहायक थे,
हाँ वह राम थे जिन्होंने
सुग्रीव को उनका राज्य दिलाया,
शबरी के जूठे बेर खाये,
अहल्या को पत्थर से मानवी बनाया।

हाँ वह राम थे जिन्होंने रावण का वध किया,
पाप पर पुण्य का झण्डा फहराया। हाँ वह राम थे
जो हनुमान के दिल में बसते थे, हाँ वह राम थे
जो छोटी-सी गिलहरी का भी सम्मान करते थे

हाँ वह राम थे एक पत्नीव्रता थे,
हाँ वह मर्यादा पुरुषोत्तम राम थे,
लव कुश के जन्मदाता थे।
हाँ वह राम लखन भरत शत्रुघ्न थे,
भ्रातृप्रेम की अद्‌भुत मिसाल थे।

हाँ वह राम हैं, मेरे राम हैं,
आज उनका जन्म दिन है, आज रामनवमी है,
लग रहा है छोटी-छोटी पैंजनियाँ पहन वह आँगन में दौड़ रहे हैं,
अपना आशीर्वाद सब पर बरसा रहे हैं।

हाँ वह राम हैं माता कौशल्या के दुलारे हैं,
पिता दशरथ के लाड़ले हैं।
हाँ वह राम हैं हम सबके रखवाले हैं।

बोलो श्री राम श्री राम श्री राम।

प्रभु श्रीराम

पाप पर पुण्य की,
अमर गाथा लिखने,
धरती पर आये प्रभु श्रीराम।

अयोध्या की पावन भूमि पर,
देवी कौशल्या के गर्भ से जन्म लिए,
त्रिलोक के स्वामी प्रभु श्रीराम।

अयोध्या के राजा हैं,
राजा दशरथ के ज्येष्ठपुत्र हैं,
जनमानस के दुलारे प्रभु श्रीराम।

लक्ष्मण, भरत और शत्रुघ्न के ज्येष्ठ भ्राता,
हनुमान जैसा मित्र और भक्त हैं जिनके,
जगत जननी माता सीता के पति प्रभु श्रीराम।

गुरु विश्वामित्र के परम शिष्य,
दुष्ट राक्षसी ताड़का के संहारक,
अहल्या के उद्धारक प्रभु श्री राम।

विदेह राजा जनक के जामाता,
गुरु विश्वामित्र आज्ञा पा शिव धनुष पर,
प्रत्यंचा चढ़ाने वाले शूरवीर प्रभु श्रीराम।

रघुकुल रीति सदा चलि आई,
प्राण जाई पर बचन न जाई,
पिता वचन को निभाने सहर्ष,
वनगमन करते प्रभु श्रीराम।

भाई लक्ष्मण, धर्मपत्नी सीता संग
वन वन फिरते, सदा सिखाते,
पर्णकुटी में रहते प्रभु श्रीराम।

सन्त ऋषि मुनि का तेज प्रताप,
माता अनसूया और शबरी की भक्ति,
असुरों के संहार करते प्रभु श्री राम।

असुर सुन्दरी शूर्पणखा की माया,
मामा मारीच का स्वर्ण मृग काया,
चक्रव्यूह में उलझ गये प्रभु श्रीराम।

लक्ष्मण रेखा लाँघ कर देवी सीता,
कर बैठीं भारी भूल, घात लगाये रावण ने,
कर दिया सीता को प्रभु श्रीराम से दूर।

पुष्पक विमान में बैठी सीता,
मदद करने को करती रहीं गुहार,
वृद्ध जटायु कोशिश कर हार गया,
प्रभु श्रीराम के चरणों में दम तोड़ दिया।

प्रभु श्रीराम, भाई लक्ष्मण के साथ,
सीता की खोज में दर-दर भटक रहे थे,
तब वे हनुमान और सुग्रीव वानरों से मिले,
हनुमान, राम के सबसे बड़े भक्त बने।

अद्भुत थे नल-नील व वानर सेना,
प्रभु श्रीराम के लंका विजय के लिए,
किया गया श्रीरामसेतु का निर्माण,

रघुपति वानर सेना संग लंका पहुँचे,
किया बलशाली दुष्ट रावण का संहार,
आश्विन मास, शुक्ल पक्ष, दशमी तिथि वह,
जिसे हम विजयदशमी कह दशहरा मनाते हैं।

शिव-पार्वती विवाह महोत्सव–महा शिवरात्रि

ॐ नमः शिवाय...ॐ नमः शिवाय...
भव भय हारक, जग उद्धारक,
नमो नमः शिवाय...

हे देवभूमि के साक्षीजन!
आज कैलाश में मंगल वेला है।
जहाँ तप और त्याग ने श्रृंगार पहना है,
जहाँ शक्ति को शिव मिला है–
आज शिव-पार्वती विवाह महोत्सव है।

माँ पार्वती को ब्याहने,
शिवजी की बारात चली।
ढोल-नगाड़े, बैंड-बाजे,
शहनाई मधुर तान छली॥

भोले भंडारी की बारात निराली,
सबसे अनोखी, सबसे निराली।
भूत-प्रेत, पिशाच, गन्धर्व, यक्ष,
नन्दी संग चले, सवारी सजी॥

"अरे वाह! कैसी निराली बारात है!
ना राजा, ना रथ, ना सोने का मुकुट,
पर जिनके चरणों में
तीनों लोक नतमस्तक हैं।"

अप्सराएँ, किन्नर संग थे,
पशु-पक्षी, नाग भी साथ थे।
भस्म रमे, जटाधारी,
त्रिनेत्रधारी शिवनाथ थे॥

देख बाराती सास-ससुर घबराये,
मन में शंका बादल बन आये।
कन्या के भाग्य की चिन्ता लिए,
नेत्रों में प्रश्न उतर आये॥

यह कैसा वर है बेटी का?
न राजमहल, न वैभव है।
पर...तप, त्याग और करुणा में
इससे श्रेष्ठ कौन है?

भोले ने तब असली रूप दिखाया,
तेज पुंज से जग जगमगाया।
करुणा, सौम्य, दिव्य प्रकाश,
देख सभी का मन हर्षाया॥

धरा मुस्काई, मेघ बरसे,
अम्बर पुष्प-वृष्टि करने लगा।

देव, दानव, ऋषि, मुनि,
मंगल गीत गाने लगा॥

मुक्तामणि, पद्म सुगन्ध बही,
दिशा-दिशा आलोकित हुई।
हवन कुण्ड में ज्वाला जगी,
मन्त्रोच्चार से धरती धनी हुई॥

सात फेरे, पाणिग्रहण,
साक्षी बना त्रिभुवन सारा।
शिव-शक्ति का पावन मिलन,
जग को मिला नव उजियारा॥

शिव-पार्वती हुए एक दूजे के,
धरा-गगन पुलकित हुए।
यह दिन मंगलमय बन गया,
महाशिवरात्रि महापावन हुए॥

हर हर महादेव!
जय माँ पार्वती!

जहाँ शिव हैं–वहाँ शून्य भी पूर्ण है।
जहाँ शक्ति है–वहाँ सृष्टि है।
यही है शिव-शक्ति का सन्देश।

माँ सरस्वती के चरणों में वन्दना

देखो वसन्त पंचमी का शुभ दिन आया,
माँ सरस्वती के अवतरण का मंगल दिन आया,
सफ़ेद वस्त्रों में सुसज्जित
मुख पर असीम शान्ति, होंठों पर मीठी मुस्कान,
आँखों से छलक रहा स्नेह का निर्झर,
कितनी सुन्दर मेरी माँ है भारती-वागेश्वरी।

हाथों में है तेरे वीणा,
सुरों की तू सुरीली देवी,
तुझसे ही है सारा संगीत,
राग-रागनियाँ और मधुर लहरियाँ,
कितनी मीठी शहद-सी तेरी वाणी,
मेरी माँ है वीणापाणी।

हंस पर तू विराजित,
मोतियों-सी तू दमकती,
तेरे चेहरे पर छलकता नूर
कर देता मन का सारा सन्ताप दूर,
हर लो हमारा अज्ञान, दे दो हमें ज्ञान
मेरी माँ है हंस वाहिनी।

तू ब्रह्मा पुत्री–वेदों की अधिकारी,
शब्द-शब्द में तू समायी,
माँ से शुरू हुआ संसार,
तुझसे ही पाया अक्षर-अंक का ज्ञान,
दे दो हमें वरदान, बना लो अपना अधिकारी-वारिस
मेरी माँ हे शारदे माँ।

महाश्वेता-ज्ञानन्दा, गिरा-वागीश-वागीश्वरी,
तेरी कृपा बिना सब अधूरा,
तुझको क्या कहूँ
धरो अपना हाथ सिर पर हमारे,
दे दो ऐसा आशीष
कुछ ऐसा लिख जाये, कुछ ऐसा बोल जाये,
दुनिया में अपना जन्म सफल कर जाये,
मेरी हे माँ सरस्वती देवी।
मेरी हे माँ सरस्वती-शारदा देवी।

हे गुरुजी

आप बिन ज्ञान कहाँ से पाऊँ?
हे गुरुजी,
आप बिन कैसे मैं आकार पाऊँ?
मैं एक अनगढ़ पत्थर
आप हो शिल्पकार।
ख़ामियाँ सारी दूर कर
मेरे गुणों में लाओ निखार।
मुझ पर कीजिए इतना उपकार
मुझ पत्थर को
प्रतिमा का दे दो आकार।
मैं एक बेरंग चित्र,
मुझे सतरंगी कर दो।
मैं कच्ची गीली मिट्टी
मेरा रूप गढ़ो।
बन कुम्भाहार
पक्का नायाब घाट गढ़ो।
हाथ थाम, अपने हाथों से
सही राह दिखलाओ।
शिक्षक होते दीपक की भाँति,
स्वयं जल-जलकर

शिष्य को प्रकाश देते।
अज्ञान का अन्धकार दूर कर,
ज्ञान के नये चक्षु देते।
शिक्षक नि:स्वार्थ सदा रहते।
शिष्य का बस कल्याण चाहते।
ख़ुद सालों साल वहीं रहकर
शिष्य की उन्नति पर झूमते।
आओ,
हम सब मिलकर गुरुजी के
श्री चरणों में शीश झुकाकर
श्रद्धा सुमन अर्पित करें।
अगर गुरु न होते तो
न जाने हम कहाँ भटकते!
धन्य गुरुवर आप।
धन्य-धन्य गुरुवर आप।

गुरु का प्रकाश

गुरु ब्रह्मा, गुरु विष्णु, गुरु साक्षात् ब्रह्म सदा,
शिक्षा है जीवन की धारा, अनन्त इसका धाम बड़ा।

जन्म से मरण तक जो साथ निभाये,
वो ज्ञान रूपी दीप जलाये।
जीवन की कला सिखाने वाला,
हर अन्धकार मिटाने वाला।

माँ के बाद जो पहला पाठ पढ़ाता,
फिर शिक्षक बन रूप दिखलाता।
मिट्टी को मूरत जो गढ़े,
वो गुरु है, जो मन को सच्चा पथ दे।

पढ़ाता जो बगुले-सा ध्यान,
कौए जैसी खोज की पहचान।
कुत्ते-सी सजगता, भोजन में मित,
ब्रह्मचर्य से जीवन हो हित।

श्रद्धा से जो सिर झुका दे,
वो शिष्य गुरु का मान बढ़ा दे।

"श्रद्धावान लभते ज्ञानम्",
गीता कहे, यही है मान्यतम।

5 सितम्बर–शिक्षक दिवस महान,
राधाकृष्णन जी को करें प्रणाम।
उनके आदर्श, उनका प्रेम,
हर शिक्षक को बना दे श्रेय।

गुरु पूर्णिमा से अध्यात्म ज्ञान,
शिक्षक से व्यावहारिक विज्ञान।
दोनों के स्वरूप अलग सही,
पर शिक्षा में दोनों की भूमिका सही।

गुरु दत्तात्रेय ने 24 गुरु अपनाये,
हर अनुभव से जीवन को सजाये।
ग़ुरु का हृदय निर्मल सागर,
नि:स्वार्थ प्रेम, करुणा अपार।

द्रोणाचार्य-एकलव्य की कथा पुरानी,
अँगूठा दे दी गुरुदक्षिणा में बलिदानी।
रामकृष्ण और विवेकानन्द का प्रेम,
शिष्य को बना दे युग का रत्न।

गुरु है सौभाग्य का सिन्दूर,
उसका स्थान सदा भरपूर।
प्रकाश की ओर जो ले चले,
वो गुरु अन्धकार हर ले।

गुरु-शिष्य की यह अटूट डोर,
श्वासों में समाई, जीवन का चोर।
नमन उन्हें, जो ज्ञान सिखाते,
जो दीप बन हर राह दिखाते।

विद्यार्थी करें सदा सम्मान,
गुरु का ऋण न जाये जान।
शिक्षक दें ज्ञान नि:स्वार्थ भाव,
यही है शिक्षक दिवस का ठोस आधार।

मेरा जीवन थी मेरी माँ

हर सुख-दुख की साथी माँ।
आज भी जब आता बुख़ार,
रातों को सिर सहलाये वो प्यार।
सपनों में आकर छू जाती है,
बुख़ार कहीं दूर उड़ा जाती है।

जब भी उलझूँ असमंजस में,
तेरी तस्वीर बोले मन के रस में।
एक राह दिखे, एक दिशा मिले,
तेरे ही आशीर्वाद से हर मोड़ सजे।

हर पल है तू मेरे अन्दर,
ममता की मूरत, प्रेम समन्दर।
तेरे जैसा बनने की चाह,
पर तू तो है बस एक ही राह।

जी चाहे, मिल जाये तू कहीं,
आँखें खोजें तुझे हर गली।
गले लगूँ, कहूँ बेहिसाब,
'आई लव यू मम्मी', हर लफ़्ज़ बेहिसाब।

जीते जी कह न पायी थी बात,
आज करती हूँ तुझसे मुलाक़ात।
तेरी गोदी में सिर रखकर सो जाऊँ,
तनाव सारे भूल, फिर से मुस्कराऊँ।

जब उठूँ तो ऐसा लगे,
जन्मों का सुकून मेरे संग जगे।
माँ, तू मेरी सबसे बड़ी कमज़ोरी,
तेरे बिना अधूरी है मेरी ये ज़िन्दगी पूरी।

तेरा नमन माँ, तेरा आभार,
तूने दिखाया जीवन का संसार।
संस्कारों से मुझे सजाया,
प्यार से हर दुख को भुलाया।

धन्यवाद माँ, तेरा धन्यवाद।

माँ का चेहरा

आज अचानक आईने पर नज़र गयी,
ख़ुद के चेहरे में माँ की झलक-सी दिख गयी।
वही ममतामयी, करुणामयी आँखें,
जिनमें बसती थीं ममता की सारी शाखें।

वही भोली मुस्कान, वही स्नेहिल सादगी,
वही मुखमण्डल, जैसी कोई देवी की प्रतिमा लगी।
जो ममता की अमृतवर्षा करती थी हर रोज़,
जिसका स्पर्श मिटा देता था हर एक सोच और रोज़।

माँ...तुम्हारा चेहरा मुझमें उतर आया है,
जैसे मेरी आत्मा में कोई दीप जलाया है।
मैं आज ख़ुद को दुनिया की सबसे सुन्दर नारी पाती हूँ,
क्योंकि हर अंग में, हर भाव में सिर्फ़ तुम्हें ही पाती हूँ।

तुमसे सुन्दर भला इस संसार में कौन हो सकता है?
माना अब तुम्हारी पार्थिव देह नहीं है,
पर माँ, तुम अमर हो–मेरी रग-रग में समायी हो,
हर धड़कन में, हर साँस में समायी हो।

कल मैं भी अपने बच्चों की नस-नस में बहूँगी,
जब वे भी अपने बच्चों के लिए ममता में डूबे रहेंगे,
तब वे भी आईने में देखेंगे वही छवि,
जो कभी तुमने मुझमें छोड़ी थी–माँ की अमिट छाप अभी।

हाँ वह मेरी माँ थी

वह देवी जैसी थी,
वह परियों जैसी थी,
वह भगवान का रूप थी,
उसमें मुझे परमात्मा नज़र आते थे।
हाँ वह मेरी माँ थी।
सीधी सरल भोली भाली,
दुनिया के हर छल कपट से दूर थी,
परिवार में उसकी जान बसती थी,
हमारे घर की वह धुरी थी।
हाँ वह मेरी माँ थी।

नींद में जाग-जाग कर
हम सबको कम्बल ओढ़ाती थी,
न जाने वह कब सोती थी?
या सोते हुए भी जगती थी?
हाँ वह मेरी माँ थी।

भोर से पहले उठती थी,
सामायिक-प्रतिक्रमण करती थी,
ईश्वर के चरणों में दीया करती थी,

घर भर में उजियारा फैलाती थी,
मन्दिर जाकर पूजा करती,
सबकी ख़ुशियों के लिए ईश्वर से प्रार्थना करती थी।
हाँ वह मेरी माँ थी।

सभी का मनपसन्द नाश्ता बनाती, एक-एक कर
भाई-बहनों को उठाकर तैयार करती,
नाश्ता करा, टिफिन हाथ में देकर
स्कूल बस में चढ़ाती थी।
हाँ वह मेरी माँ थी।

पापा के कार्यालय जाने के बाद,
घर को सँवारती,
हर चीज़ करीने से सजाती,
न जाने कौन-सी शक्ति थी,
वह कभी नहीं थकती थी।
हाँ वह मेरी माँ थी।

पापा थोड़ा कमाते या ज़्यादा,
कोई शिकायत नहीं करती थी,
वह अन्नपूर्णा थी,
सब की इच्छा को
बिना कहे जान जाती थी,
न जाने कैसे सबको पूरा कर लेती थी।
हाँ वह मेरी माँ थी।

छोटी-सी उम्र में हमको छोड़ गयी,
पर अनुभव का अद्‌भुत पिटारा खोल गयी,
कोई विश्वविद्यालय ऐसी शिक्षा नहीं दे सकता,

ऐसा ज्ञान हमको पढ़ा गयी।
हाँ वह मेरी माँ थी।

उसकी बातें जीवन का सम्बल हैं
हर दुख से लड़ने की ताक़त हैं,
जीने की अनमोल कला सिखा गयी।
हाँ वह मेरी माँ थी।

हाँ हम सबकी माँ
ऐसी ही होती हैं,
देवी जैसी, परी जैसी,
भगवान जैसी,
पर उसके जीते जी हम उसे
समझ नहीं पाते हैं,
आओ माँ को समझें,
उसकी भावनाओं को जानें,
माँ के अन्दर छिपे इन्सान को देखें,
उसे भी अपने कर्तव्यबोध से
दूर हटाकर,
एक लड़की की ज़िन्दगी
जीने को प्रोत्साहित करें,
माँ के अन्दर छिपी ख़्वाबों को बुनती
लड़की को जीवित करें।
उसे हम अपना प्यार जतलायें,
आओ हम सब मिल कर अपनी
अपनी माँ को "I Love You" कहें,
उसके संग झूमें नाचें गायें,
उनके अधूरे सपनों को पूरा करें।
आओ माँ की हम सखी बन जायें, सहेली बन जायें।

माँ-बाप की सेवा जो करे, चारों धाम वो पाये

दिल से निकली उनकी दुआ, कभी ख़ाली न जाये।
धरती पर माता-पिता ही, भगवान का रूप,
उनके बिना कठिन होती इस दुनिया की धूप।

माँ की ममता सागर जैसी, अमृत सा है प्यार,
ख़ुद गीले में सोती है, हमें रखे सँवार।
उँगली पकड़ सिखाती चलना, हर मुश्किल में संग,
उसकी गोदी में सिमट जायें, दुनिया के सब रंग।

पिता बचाते धूप से, छाँव बने हर बार,
गोदी में बिठाकर दिखाये, सपनों का संसार।
संस्कार ही संस्कृति है, जो हमें सिखलाये,
रोज़ सवेरे चरण छूकर, आशीष हम पाये।

माँ-बाप हमसे कुछ नहीं, कोई चाहत रखते,
जीवन भर बस देते जाते, कभी कुछ ना कहते।
बुढ़ापे में उनका मान, बस यही कर्तव्य,
सम्मान, प्यार, समय दें, यही सच्ची भक्ति।

वो हैं जैसे वट-वृक्ष, जिनके होते साये,
दुनिया की चिन्ता नहीं, जब तक वो साथ निभाये।
जो संस्कार वो दें हमें, दुनिया ना दे पाये,
ऐसे पूज्य माता-पिता को, हर पल शीश नवाये।

बेटियाँ विवाह के पश्चात मायके आती हैं

कुछ लेने नहीं ढेर सारा प्यार लुटाने आती हैं,
माँ-बाप से मिलकर अपने बचपन को जी लेती हैं,
सखी-सहेलियों के संग फिर पुराने दिनों को याद कर लेती हैं,
अपने दुःखों को ज़िम्मेदारियों को कुछ समय के
लिए कन्धों से झटकर, नन्ही-सी बच्ची बन जाती हैं,
जीवन को जीने के लिए कुछ साहस जुटा लेती हैं,
बेफ़िक्री के आलम का कुछ आनन्द उठा लेती हैं,
भाई-भाभी भतीजे-भतीजियों को
कुछ उपहार देकर शान्ति अनुभव करती हैं,
अपने आँचल की गाँठ में
ढेरों प्रार्थनाएँ-आशीर्वाद बाँध कर लाती हैं,
भाई के भाल पर कर तिलक
उसके सुख की कामना करती हैं,
भाभी में माँ को अनुभव करती हैं,
अपने पुराने कमरे की दरो-दीवारों
से अनगिनत बातें करती हैं,
अपनी पुरानी चीज़ों को प्यार से सहलाती हैं,
छोटा हो या बड़ा उस कमरे में
ख़ुद को महारानी समझती हैं,
इसलिए मायकेवालो बिटिया के कमरे को

उसी का रहने दो–उसकी अनुभूति को
वैसे ही ज़िन्दा रहने दो
कुछ दिनों की मेहमान बनकर आती है वो
उसे मेहमान नहीं वही छुटकी बनकर रहने दो।

मेरी सहेली मेरी हमजोली

तेरे नाम एक गीत लिखना चाहती हूँ ऐ मेरी प्यारी सखी
क्या-क्या लिखूँ मेरी मीत, हमजोली, यह सोचती हूँ।

उपवन की ख़ुशबू, बसन्त की बहार,
पत्ता-पत्ता, बूटा-बूटा, फूलों की सुवास,
झरनों की झंकार, कोयल की पुकार,
क्या-क्या लिखूँ मीत यह सोचती हूँ।

हर शब्द से सुन्दर तुम, शहद-सी मिठास
सुमधुर वाणी, जिह्वा पर वीणापाणि का वास
झर-झर निर्झर बहती शब्दों की रसधार,
क्या-क्या लिखूँ मीत यह सोचती हूँ।

तुझमें माँ की ममता, अन्नपूर्णा का स्वाद
माँ दुर्गा की शक्ति, शारदा का आशीर्वाद,
माँ लक्ष्मी की कृपा, अन्न-धन की बहार
क्या-क्या लिखूँ मीत यह सोचती हूँ।

हर गीत से सुन्दर हो कहना चाहती हूँ
हर रचना से सुन्दर लिखना चाहती हूँ

जीवन भर संग-संग, रहना चाहती हूँ
क्या-क्या लिखूँ मीत यह सोचती हूँ।

तेरे नाम एक गीत लिखना चाहती हूँ
क्या-क्या लिखूँ मीत यह सोचती हूँ।

एक था बचपन...

एक था बचपन, प्यारा-सा जीवन,
ना थी कोई होड़, ना कोई बन्धन।
ना क्लास की रेस, ना नम्बर का भार,
बस खेल-कूद में था सारा संसार।

पाँच बरस तक स्कूल का नाम नहीं,
पढ़ाई की चिन्ता, कोई काम नहीं।
पचास प्रतिशत अंक भी ख़ुशियाँ लाते,
माँ-बाप बस आँखों से आशीष बरसाते।

बोर्ड की परीक्षा जब देने जाती,
डर से मैं पिताजी को बतलाती।
"कुछ नहीं आता, क्या लिख पाऊँगी?"
आँखों में आँसू, बस रोती जाती।

पापा कहते–"नाम लिख आना,
रोल नम्बर से काग़ज़ सजाना।
जो नहीं आता, उसका ग़म नहीं,
हिम्मत से देना परीक्षा कहीं।"

उनकी बातों ने विश्वास जगाया,
मैंने हर मोड़ पर ख़ुद को पाया।
कभी परीक्षा में पीछे नहीं हटी,
हर हार को जीती, हर डर को मिटी।

आज के बच्चे हर कला में माहिर हों,
हर क्लास, हर कोचिंग में शामिल हों।
बचपन ना जियें, सीधे बड़े बन जायें,
सपनों से पहले तनाव को अपनायें।

हम खुले मैदानों में खेलते थे,
गुल्ली-डंडा लेकर गाँव में ढलते थे।
न धूप की चिन्ता, न गर्मी सताये,
आज एसी के बिना बच्चा सह ना पाये।

हमारी छुट्टियाँ गाँव की गलियाँ,
कच्चे आम, पीपल की छैयाँ।
अब छुट्टियाँ बस एयर टिकट की बात,
हिल स्टेशन, मॉल और ब्रांडेड सौगात।

संयुक्त परिवार की थी वो रीत,
हर रिश्ता था अपनापन का गीत।
अब हर कमरे का अपना ताला है,
परिवार भी जैसे अकेला आला है।

माँ बिना किताबों के ज्ञान देती थी,
खड़ी-खड़ी हिसाब-किताब लेती थी।

अब कैलकुलेटर बिना कुछ हो नहीं पाता,
पढ़ाई में हुनर है पर जीवन में घाटा।

आज के बच्चे हैं टेक्नो-सजग,
पर मन के भीतर बहुत कुछ धधक।
सुविधा बहुत है, पर सुकून कहाँ है?
बचपन अब तनाव का बिछौना बना है।

तो क्यों न फिर वही समय लाया जाये,
जहाँ हर बचपन को बचपन बनाया जाये।
जहाँ खेल हो, मस्ती हो, रिश्ते हों गहरे,
न हों फर्स्ट, सेकण्ड के ज़ख़्म यह गहरे।

माता-पिता ही करेंगे शुरुआत,
सिखाएँगे बच्चों को जीवन की बात।
कि हर नम्बर, हर पुरस्कार ज़रूरी नहीं,
सच्चा इन्सान बनना भी कम ज़रूरी नहीं।

आओ फिर से बचपन को बचा लें,
इस उलझी दुनिया में थोड़ा सादा ला दें।
बच्चों को दें खुली हवा, खुला आसमान,
जहाँ मुस्कुराये हर नन्हा इन्सान।

एकजुट परिवार

एकता में ही बल है,
एकता यानी एकजुटता,
इसकी पहली कड़ी है–परिवार,
परिवार ही एकता की नींव है सच्ची।

जब परिवार एकजुट होगा,
तभी समाज और राष्ट्र भी एकजुट होगा।
जब परिवार रहेगा सुरक्षित,
तभी राष्ट्र का भविष्य भी होगा सुरक्षित।

एकजुटता का पहला पाठ
हर शिशु को बचपन में परिवार से ही मिलता है।
पिता सदा सबको एक साथ रखता है,
ढाल बनकर हर संकट को हरता है।

माँ की छत्रछाया में जब
शिशु किलकारी भरता है,
हर पल पिता उसकी रक्षा में
अपना सर्वस्व न्योछावर करता है।

बचपन की ये सीख,
जीवन की राहों में संगिनी बन जाती है,
और जब जीवन में आते हैं बच्चे,
तो वही शिक्षा नयी पीढ़ी को सिखाई जाती है।

मनुष्य हो या पशु-पक्षी,
हर जीव चाहता है एक परिवार–
प्यार, सुरक्षा और अपनापन।
तिनका-तिनका चुनकर
पक्षी जब नीड़ बनाते हैं,
तो दाना चुग-चुग कर
बच्चों की भूख मिटाते हैं।

अपने परों की छाँव में
बच्चों को सुलाते हैं,
और एक दिन उन्हें
खुले आसमान में उड़ना सिखा जाते हैं।

तोता हो या मैना–
हर कोई अपने नन्हे बच्चों से
अपार प्रेम करता है।
परिवार से बड़ी कोई शक्ति नहीं,
एकता से मज़बूत कोई बन्धन नहीं।

एकजुट परिवार मिलकर
हर तूफ़ान का सामना
हँसते-हँसते कर लेता है।
हम दो, हमारे दो और हमारे बुज़ुर्ग
सुखी जीवन का सरल मन्त्र है ये।

अनकही का घर

मन के आँगन में
आज फिर बेचैनी की धूप उतरी है,
कुछ गाँठें हैं–
जो प्रश्न हैं, जो सुलझाये नहीं सुलझ रहे,
सोचती हूँ कहाँ जाऊँ और जवाब पाऊँ।
बात कहने को शब्द तो बहुत हैं,
पर भरोसे की धरती
हर किसी के पाँव तले नहीं होती।
ज़ुबान से निकले वाक्य
काग़ज़ बन जाते हैं,
और दुनिया उनका अख़बार।

तभी स्मृति की खिड़की से
माँ की हथेली झाँकती है,
जहाँ हर डर
कुनकुनी गोद में पिघल जाया करता था।
बाबा की चुप्पी याद आती है,
जो बोलती कम थी
पर ढाल बनकर खड़ी रहती थी।

आज उनकी तस्वीरें
दीवार पर नहीं,
मेरे भीतर टँगी हैं।
उन्हीं से बातें करती हूँ–
और जवाब की उम्मीद
सपनों पर छोड़ देती हूँ।

बचपन में
उनकी सीख मुझे रस्सी लगती थी,
आज समझ आती है–
वही रस्सी मुझे
हर सही दिशा से बाँधे रखती थी।

अब मैं
घर की धुरी हूँ–
सबके सुख-दुख
मेरे चारों ओर घूमते हैं।
लेकिन कभी-कभी
यह धुरी भी
किसी एक हथेली का सहारा
ढूँढ़ती है।

काश,
फिर से सिर रख पाती
उस कन्धे पर,
जहाँ रोना कमज़ोरी नहीं था,
जहाँ आँसू
अनमोल धरोहर समझे जाते थे।

माता-पिता–
वही अन्तिम पता होते हैं
जहाँ आत्मा बेनकाब होकर
सुरक्षित रहती है।

कुछ दर्द, कुछ बातें
किसी से साझी नहीं होतीं
न दोस्त से,
न हमसफ़र से।
क्योंकि माँ-बाप
दिल की भाषा
शब्दों से पहले पढ़ लेते हैं।
वे पूछते नहीं,
बस समझ जाते हैं–
यही उनकी ईश्वरीय पहचान है।

और जब वे नहीं रहते,
तब समझ आता है–
ईश्वर मन्दिर में नहीं,
उन पाँच उँगलियों में था
जिन्हें हम घर में चलते हुए
अक्सर अनदेखा कर देते थे।

हम अमीर हों या ग़रीब,
यह कभी मायने नहीं रखता।
मायने रखती है,
उन हथेलियों की गर्माहट
जो सिर पर रहे

तो हर धूप
छाया बन जाती है।

वे प्रश्न नहीं करते,
वे शब्द नहीं माँगते।
बस देख लेते हैं
कि तुम्हारी चुप्पी
आज कुछ ज़्यादा भारी है।

इसलिए कहती हूँ–
उनकी उपस्थिति को साधारण मत समझना।
वे सच में ईश्वर हैं
जो बिना शोर
तुम्हारे हिस्से की प्रार्थना
ख़ुद ओढ़ लेते हैं।

आज अगर वे साथ हैं
तो हाथ थाम लो,
कल तस्वीर
हाथ नहीं थामती।

आज की पीढ़ी से
मैं यही कहना चाहती हूँ–
अपने माता-पिता के लिए
समय निकालो।
जब उन्होंने हमें जन्म दिया,
वे भी तो बच्चे ही थे।
उनके भीतर भी

कहीं न कहीं
बचपन छिपा हुआ था,
पर वे हमारे लिए
ज़िम्मेदार बन गये।
उन्होंने हमारी
हर ज़िम्मेदारी निभाई,
तो आज हमारी बारी है–
उनकी सारी ज़िम्मेदारियाँ
अपने सिर पर ले लेने की।

यह कैसा दुनिया का चक्र है–
माँ-बाप
बच्चों को जान से ज़्यादा चाहते हैं,
और उनके बच्चे
अपने बच्चों को।
लेकिन माँ-बाप
कहीं न कहीं
कुछ पीछे छूट जाते हैं।

याद रखो–
जो सन्तोष
उनकी नज़र में है,
जो बेफ़िक्री
उनकी साँसों के पास है,
जो सुकून
चुपचाप उनके साथ बैठ जाने में है–
वह कहीं और नहीं।
फिर भी हम

काम के नाम पर,
दूरी के बहानों में,
"कल बात करेंगे"
जैसे झूठे वाक्य
दोहराते जाते हैं।

माँ-बाप
नाराज़ नहीं होते
जब बच्चे उन्हें भूल जाते हैं।
वे बस इतना कहते हैं–
"जब तक हम हैं
पास बैठो।"

और जब न रहें,
तो यह मत कहना
कि कोई नहीं था।
हम वह रेलिंग हैं
जो तुम्हें गिरने से
बचाती रही।

माँ-बाप को
भुलाया नहीं जाता–
बस
उनकी अहमियत
देर से समझ आती है।
और जब समझ आती है,
तब छाया
सिर्फ़ याद बन चुकी होती है।
और जब वे नहीं रहते,

तो जीवन
केवल ज़िम्मेदारियों का भवन नहीं रहता,
एक ऐसा घर बन जाता है
जिसकी
छत
आसमान से बातें करती है
और दीवारें
यादों से।

(वह भाग्यशाली होते हैं जिनके बच्चे उन्हें पूरा समय देते हैं, उनका पूरा ध्यान रखते हैं, सम्मान देते हैं और मैं अपने आप को वह भाग्यशाली समझती हूँ, मेरे बच्चे मेरे सबसे गहरे दोस्त हैं।)

एहसास अपनेपन का

रिश्ते सिर्फ़ ख़ून से नहीं बनते,
कुछ नाते यूँ ही जुड़ जाते हैं।
एक नज़र, एक प्यारी-सी बात,
और दिल से दिल बह जाते हैं।

'माँ' कहकर कोई बुला दे जब,
तो रूह तलक अपनापन घुलता है,
ना जन्म का नाता, ना नाम कोई,
बस स्नेह का सूरज निकलता है।

अपने तो जीवन का हिस्सा हैं,
पर जब बेगाने भी अपने बन जायें,
तो लगता है ईश्वर ने ख़ुद
रिश्तों में फूल खिलाये हैं।

ब्रांडेड चीज़ें नहीं बतातीं महानता,
ना गहनों से जीवन सजता है,
जब तुम्हारा सिर्फ़ नाम लिया जाये और
चेहरों पर मुस्कान सजे—वही असली जीवन बनता है।

अब पहले जैसे गाँव कहाँ रहे?

मैंने गाँव पर कविता लिखी,
सहेलियों को सुनायी,
उन्हें पसन्द तो आयी...
पर कहा–
"अब पहले जैसे गाँव कहाँ रहे!"

सच ही तो है,
अब तो गाँव भी शहरों में तब्दील हो गये हैं।
गाँव भी तो तरक़्क़ी चाहता है,
वहाँ के लोग भी सुविधाएँ चाहते हैं।

हवेलियों में रहने वाले,
आज शहरों के छोटे मकानों में सिमट गये हैं।
कई गाँव तो पूरी तरह ख़ाली हो चले हैं,
पर उनके दिलों में अब भी बसा रहता है गाँव।

उस मिट्टी की ख़ुशबू आज भी साँसों में महकती है,
आज भी चौपालें हैं, पंचायतें हैं,
कुएँ हैं, बावड़ियाँ हैं, खेत हैं, खलिहान हैं।
प्रदूषण रहित हवाएँ हैं, और अपनत्व से भरा पानी का गिलास है।

वो पीपल का घना पेड़ अब भी खड़ा है वहीं,
जहाँ कभी लुका-छिपी खेलते थे हम।
एक कोने में आज भी वह मिट्टी का चूल्हा है,
जिस पर खाना बनाते माँ का चेहरा आँच में दमकता था।

उस धरा पर पाँव रखते ही
दिल को एक अनजानी-सी शान्ति मिलती है।
गाँव कितना भी बदल जाये,
अनुभूतियाँ कहाँ मिटती हैं?

हमने गाँव को छोड़ा, शहर में बस गये,
पर गाँव ने कभी हमें नहीं भुलाया।
सच कहूँ—हम भी कहाँ भूल पाये हैं उसे?

मेरा गाँव थोड़ा बदल गया है,
पर आज भी गाँव जैसा लगता है।
मैं तो शहर में पैदा हुई,
यहीं पली-बढ़ी।

पर हर गर्मियों की छुट्टियों में बिताया वो डेढ़ महीना
मन की भीगी ज़मीन पर
हाथी के पाँवों जैसी अमिट छाप छोड़ गया।

जुगनू, कहाँ खो गये तुम?

कंक्रीटों के जंगलों में,
कहाँ खो गये तुम जुगनू?
कभी खुले आसमान तले,
अपनी जगमग रोशनी से चमकते थे तुम।
आज तो तुम्हें देखने को भी,
आँखें तरस गयी हैं।

जुगनू, कहाँ खो गये तुम?

वृक्ष कट गये, जंगल घट गये,
ज़हरीली गैसों से नीला आसमान भी काला हो गया।
इन्हीं धुँधली हवाओं में,
न जाने कहाँ खो गये तुम जुगनू।

याद आता है बचपन का वो सुन्दर मंज़र,
वो गाँव जाना, वो मिट्टी का घर।
खुले आसमान तले छत पर बैठना,
लालटेन की रोशनी में तुम्हें निहारना।
एक पेड़ से दूसरे पेड़ तक,
तितलियों की तरह उड़ते देखना।

जगमग-जगमग उजियारा देते थे तुम,
अँधेरे में उम्मीद जगाते थे तुम।
चन्दा मामा के संग बातें होती थीं,
जुगनू, तुम्हारी रौशनी में रातें सँवरती थीं।

उम्र तुम्हारी दो या तीन साल ही सही,
पर तुम उत्कृष्टता से जीते थे,
हर अँधेरे को रोशनी देते थे।

पर अब न शहरों में,
न ही गाँवों में दिखते हो तुम।
गगनचुम्बी इमारतें हैं, जेट विमान हैं,
आसमान वही है, धरती भी वही है।
पर जुगनू, ज़हरीली हवाओं में,
तुम न जाने कहाँ खो गये हो...

जुगनू, कहाँ खो गये तुम?

गुलमोहर के साये में

आज यादों की बगिया में,
फिर खिला गुलमोहर मन का।

गाँव के आँगन में लहराता,
गुलमोहर का वह प्यारा पेड़।
लाल, पीले, नारंगी फूलों से,
हर दिन करता था आह्लादित।

दुपहरी में उसकी छाँव तले,
बैठकर सपनों को सींचा था।
भीनी-भीनी सुगन्ध लिए,
वह हर लम्हा अनमोल था।

हथेलियों पर आज भी महसूसती,
उन कलियों की कोमल ऊष्मा।
यादों के झरोखों में सजीव,
वह प्रेम का प्रतीक गुलमोहर।

काश फिर से बचपन लौट आये,
उस छाँव तले घण्टों बिताऊँ।

बिना किसी चिन्ता, बेफ़िक्र होकर,
सारी दुनियादारी भूल जाऊँ।

फिर वही गुनगुनाहट छेड़ दूँ,
वही खिलखिलाहट गूँज उठे।
नन्ही बच्ची बन जाऊँ दोबारा,
और गुलमोहर संग झूम उठूँ।

न जाने क्यों लोग नारी को अबला कहते हैं

अबला कहते हैं, कमज़ोर कहते हैं,
यह जो समाज ज़िन्दा है आख़िरकार
किसके बलबूते पर?
अगर नारी न होती
उसका त्याग न होता
उसकी सहनशीलता, ममता, स्नेह न होता
तो क्या होता,
ज़रा उस समाज की कल्पना तो करें?
चारों तरफ़ पतझड़ ही पतझड़ होता,
अतृप्त हृदय हरदम बेचैन ही रहता,
यह जो मकान है,
उसको वह घर बनाती है,
नींव को अपने ख़ून से मज़बूत बनाती है,
एक-एक ईंट में उसकी क़ुर्बानियाँ दबी रहती हैं,
घर-बाहर की दोहरी ज़िम्मेदारियों से
हमेशा घिरी रहती हैं,
फिर भी प्रफुल्लित रहकर
ख़ुशी-ख़ुशी सारे कर्तव्य निभाती हैं।
नौ महीने अपने अन्दर
हाड़-मांस के पुतले को आकार देती हैं
अपने लहू से उसे सींचती हैं,

अच्छी सोच से, संस्कारों से,
गर्भावस्था से ही शिक्षित करती हैं।
तब भी आराम नहीं करती,
अन्तिम घड़ी तक गतिशील रहती हैं,
फिर भी यह पुरुष प्रधान समाज
उसे बेचारी समझता है।
वह समझता है, नर के बिना नारी
एक क़दम नहीं चल सकती,
नर के बिना वह अधूरी है,
सच तो यह है नारी के बिना,
यह समाज, यह सृष्टि, यह प्रकृति, सभी अधूरे हैं।
आज है जीवन का कौन-सा ऐसा क्षेत्र जहाँ उसने परचम नहीं फहराया?
उसके त्याग को कमज़ोरी मत समझो
किसी भी नारी की अवहेलना मत करो
उसके साथ कोई दुर्व्यवहार मत करो।
हाँ शारीरिक रूप से है वह कोमल
पर मन से वह मक्कम-मज़बूत है,
फिर किसी के साथ निर्भया जैसा पाप मत करो,
हर नारी में देवी-माँ-बहन-बेटी के दर्शन करो,
वह पूजनीय है, उसकी पूजा करो,
उसके अधिकारों का हनन मत करो।
अगर समाज को क्षीर सागर बनाना है,
इस दुनिया को ख़ूबसूरत विश्वास लायक बनाना है,
हर नर को नारी का सम्मान करना होगा,
हर नारी दूसरी नारी का आधार बने,
नर नारी हर क़दम, हमराह बने,
कोई किसी से कम नहीं, इस मन्त्र को आत्मसात
करना होगा।

नारी एक, स्वरूप अनेक

नारी एक, स्वरूप अनेक,
सरस्वती भी तू, लक्ष्मी भी नेक।
अन्नपूर्णा की ममता है तुझमें,
दुर्गा का तेज जलता है तुझमें।

बेटी, बहन, पत्नी, माँ,
हर रिश्ता तू स्नेह से निभाती।
कभी चाची, कभी ताई,
हर रूप में तू ममता भरती।

गृहलक्ष्मी बन घर सजाती,
ज़रूरत पड़े, वीरांगना कहलाती।
सुबह की वेला भी तू,
दिन की धूप, संध्या की छाँव भी तू।

चाँद-सी शीतल, धूप-सी प्रखर,
हर रूप में तू है सुन्दर, अमर।
दुआ बनकर आशीष लुटाती,
संघर्षों में भी मुस्कराती।

नारी, तू ही शक्ति अपार,
तेरे बिना अधूरा संसार!

मैं एक नारी हूँ

सदियों से अपनी परम्पराओं को निभाया है
उसके बोझ को अकेले ढोया है।
इस पुरुषप्रधान समाज ने हरदम
हमको दोयम दर्जे पर रखा है,
अपनी ताक़त को हम पर आज़माया है,
पर अब मुझे दूसरा दर्जा पसन्द नहीं,
मैं अपनी शर्तों पर जीना चाहती हूँ,
हक़ और सम्मान के साथ रहना चाहती हूँ।
मेरी सहृदयता को मेरी कमज़ोरी मत समझो,
मैं परिवार को न सँभालती,
बच्चों की परवरिश न करती,
बुज़ुर्गों की सेवा न करती,
पति को स्नेह प्रेम न देती,
तो क्या यह समाज ज़िन्दा रहता?
मैं कोमल हूँ, पर कमज़ोर नहीं
अगर कमज़ोर होती तो
क्या यह नाज़ुक कन्धे हल चला पाते?
पहाड़ों की उतार-चढ़ाव पर काम कर पाते?
घर और बाहर की दोनों दुनिया क्या यह सँभाल पाते?
मेरे त्याग को तुमने मेरी कमज़ोरी समझ लिया

घर-परिवार बचाने की भावना को मेरी मजबूरी समझ लिया,
अगर नारी पति के अहम् को न पोसती,
तो पुरुष आज कहाँ होता?
पति के बाहरी दुनिया की परेशानियों को वह न हरती,
तो पुरुष कहाँ होता?
हमें तो परमात्मा ने अपने गुणों से रंगा है,
अपनी भावनाओं से हमें गढ़ा है,
इसलिए हम सिर्फ़ कल्याण करना चाहती हैं
इसलिए पुरुष से कई-कई पायदान ऊँची होकर भी,
उनके सामने नतमस्तक हो जाती हैं।
झगड़ना हमें पसन्द नहीं,
हम सिर्फ़ स्नेह-ममता-प्रेम
बाँटती हैं–फिर कहूँगी
इसे हमारी कमज़ोरी मत समझो,
घर बचाने की आधारशिला समझो।
मुझे बिल्कुल पसन्द नहीं कि
जिस घर को मैंने अपने ख़ून से सींचा,
उस पर मेरा अधिकार ही नहीं,
नाम पट्टिका पर तक मेरा नाम नहीं।
अब घर हम दोनों का साझा होगा,
अगर तुम्हें यह मंज़ूर नहीं तो
नेम प्लेट पर सिर्फ़ मेरा ही नाम होगा।
मुझे कतई पसन्द नहीं कि
मैं अपनी पसन्द का भोजन न करूँ,
अपनी मर्ज़ी से कहीं आ-जा न पाऊँ।
अब मैं भरपूर पल-पल जीना चाहती हूँ,
हवाओं में उड़ना चाहती हूँ,
सारे बन्धन सारी पाबन्दियों की

बेड़ियों को तोड़ मुक्त आकाश में
पक्षी की तरह उड़ना चाहती हूँ,
अपना एक शिखर बनाना चाहती हूँ।
अब कोई अग्निपरीक्षा
नहीं, कोई ज़ंजीरों की बेड़ियाँ नहीं,
परिवार की ज़िम्मेदारियों के साथ
ख़ुद के प्रति ज़िम्मेदारी निभाना चाहती हूँ।
ख़ुद की मनपसन्द बनकर,
ख़ुद की पीठ थपथपाकर
हरदम ख़ुश रहना चाहती हूँ।
मुझे पसन्द नहीं सिर्फ़
तुम्हारी तकलीफ़ों को सुनूँ,
तुम्हारी दुख की भागीदार बनूँ,
अब मैं तुम्हारे सुख में साझेदार होना चाहती हूँ,
घर के सभी मसलों में अपना मत रखना चाहती हूँ।
मुझे तुम अनदेखा अब न कर पाओगे,
हर क़दम पर मेरी उपस्थिति दर्ज रहेगी।
सोच लो आज से हम
हर क़दम हमसफ़र हैं
जितना जीने का तुमको हक़
उससे कम मुझे स्वीकार नहीं।
युद्ध क्षेत्र से लेकर
आसमानी यात्रा में
हमने अपना परचम फहराया है
अपनी बुद्धिमत्ता का लोहा
दुनिया को दिखलाया है।
किसी से हमारा कोई मुक़ाबला नहीं,
क्योंकि हम किसी से कम नहीं।

नारी ही नारायणी

नवरात्रि के नौ दिनों में
धूमधाम से हो रही है
पूजा आद्यशक्ति की।
ढोल नगाड़े मंजीरे
और तालियाँ बजा-बजाकर
अज्ञात में हम गाये जाते हैं
नारी शक्ति की महिमा।
माँ की कर दिव्य स्थापना,
चरणों में शीश झुकाकर,
आशीर्वाद माँगते,
जयजयकार करते,
पूजा-अर्चना,
साधना-आराधना करते,
हे कुल की रक्षकदात्री,
हमारे वंश पर
पीढ़ी-दर-पीढ़ी पर
अपनी कृपा बनाये रखना।
पर क्या कभी हम,
अपने परिवार की
हर लक्ष्मी, सरस्वती,

अन्नपूर्णा, दुर्गा की पूजा करते हैं?
जो हमारा घर संचालित करती हैं,
हमारे वंश की बेल को
सुन्दर संस्कार देती हैं,
पूरे परिवार को एकसूत्र में
बाँधे रखती हैं,
रात हो या दिन
वह अनन्ता बिना रुके, बिना थके,
नि:स्वार्थ भाव से
सबकी फ़रमाइशें पूरी करती हैं।
पूरे वर्ष में एक दिन
क्या हम ऐसा मना सकते हैं,
जब उसको एक महारानी की तरह
हम बिठायें,
बड़े उसको आशीर्वाद दें,
छोटे उसकी पूजा करें,
उससे आशीर्वाद पायें।
सभी परिजनों को इकट्ठा कर,
परिवार का पुरुष वर्ग,
उसके कार्यों की सराहना करे,
उसका सम्मान करे, शाल ओढ़ाये,
माला पहनाये,
उसके मनपसन्द उपहार लाये,
उसका हृदय से धन्यवाद करे।
उस दिन वह कोई कार्य न करे,
बस आनन्द के संग,
अपनी रुचि के साथ
दिन बिताये।

बस एक बार करके तो देखिये,
जीवन में बहुत फ़र्क़ पड़ जायेगा,
दुगुने उत्साह के साथ
वह फिर साल भर
परिवार के लिए जीने लगेगी।
वह घर, परिवार, समाज की ही नहीं
पर पूरे देश की धुरी है।
घर में लिए जाने वाले
महत्त्वपूर्ण निर्णयों में उसकी
अनुमति, राय ली जाये।
पूरे सम्मान और हक़ के साथ
उसे बराबरी का दरजा दिया जाये,
वही सही अर्थों में
नवरात्रि की पूजा की
सार्थकता होगी।
जिससे स्वयं जगत जननी
माता भवानी ख़ूब ख़ुश होंगी।

वृक्ष

हम तो वृक्ष हैं, हम यूँ ही झूमते रहेंगे, आसमान को चूमते रहेंगे,
गाते रहेंगे, जीवन का पाठ पढ़ाते रहेंगे,
चाहे आँधी आये, चाहे बिजलियाँ गिरें,
हम नहीं गिरने वाले, हम नहीं टूट कर बिखरने वाले,
हमारी जड़ें मजबूत हैं, धरती की गहराई से जुड़ी हैं,
हमारा काम छाया देना, थके पथिक को छाँव देना,
भूखे को फल देना, विनम्रता से झुक जाना
सूरज की रोशनी हमें जगमगाती,
चाँद की चाँदनी शीतलता बरसाती,
बादलों का आलिंगन मिलता
पक्षियों का बसेरा हम बनते,
प्रचण्ड हवाओं से कभी गिर भी जाते, पर हमारी लकड़ियाँ भी
इन्सान के काम आतीं, उनका जीवन यापन करतीं,
उनके घर बनातीं और अन्तिम संस्कार में काम आतीं,
हमारा तो लक्ष्य यही है, बैख़ौफ़ झूमना,
जीवन का गीत गुनगुना,
परोपकार में जीवन अर्पित करना...

पिछले पन्द्रह दिनों से लोनावला में हूँ

पहाड़ और प्रकृति हमेशा से मुझे आकर्षित करते हैं
प्रकृति के सुन्दर-सुन्दर नज़ारे देखकर, मैं अपने आप को
भूल जाती हूँ, इनमें खो जाती हूँ।
जी चाहता है, सदा के लिए यहीं बस जाऊँ
उगता सूर्य, डूबता सूरज, पल-पल बदलती प्राकृतिक छटा
कभी धूप, कभी छाँव, कभी बादलों का कन्धों पे झुकना
कानों में हवाओं का सरगोशी करना,
पेड़ों-पत्तों को नृत्य करते देखना
गायों का रम्भाना, कोयल का गीत गाना,
बुलबुल का चहकना, मोर का रंग-बिरंगे पंख फैलाना
झरनों का गिरना नदी का बहना
हर एक में एक रवानगी है एक खनक
एक अजीब सौन्दर्य पुंज है,
प्रकृति की छटा ही निराली है।
ऐसे में शाम ढले बग़ीचे उपवन में जब बैठती हूँ
चाय के कप से उठता धुआँ, सामने अपनी
सम्पूर्ण लालिमा को बिखेरता शान्त सूरज
हल्का-हल्का कुहासा, पत्तों पर ओस की बूँदों का मचलना
संगीत की लहरियों में मन डूब जाता है
पर्वतों के पेड़ों पर शाम का बसेरा है

ऐसे कई गीत मानस पर दस्तक देने लगते हैं।
याद आ जाती है अमीन सयानी की परकश
आवाज़ विनाका गीतमाला के चढ़ते-उतरते
पायदान के सुरीले गीत मन भीग जाता है
यादों के दरीचे खुल जाते हैं
बचपन से उम्र के चौथे पड़ाव तक,
मुस्कुराते रुलाते दामन की ख़ुशियों से भरते
होंठों से फूट पड़ते हैं
'बच्चे मन के सच्चे'–'लकड़ी की काठी'
हम हिन्दुस्तानी, क़दम-क़दम बढ़ाये जा,
पापा कहते प्यार हुआ इकरार हुआ,
एक तेरा साथ, पल पल दिल के पास
जीवन की बगिया महकेगी
मैंने तेरे लिए ही सात रंग के सपने चुने
लेकर जब हम होंगे साठ साल के
संगीत की ताक़त ईश्वरीय होती है, सुहानी होती है।
इसमें डुबकर मैं अपने आप को
पहाड़ों की रानी समझने लगती हूँ
सारे तनावों से मुक्त होकर
एक पंछी की तरह खुले आसमान में उड़ने लगती हूँ
ईश्वर के क़रीब पहुँच जाती हूँ
उन्हीं का एक अंश होकर
जीवात्मा के साथ परमात्मा के एकाकार
होने के गीत गाने लगती हूँ। गीत गाने लगती हूँ।
बारिश की बूँदों की तरह बिखर-बिखर कर
हर होंठों पर मुस्कुराहट लाना चाहती हूँ।
हर इन्सान में ईश्वरीय अंश को
देखने लगती हूँ और आत्म सन्तुष्टि से महक जाती हूँ।

गंगा महिमा–भारत की पवित्र नदी है

इसे गंगा माता भी कहा जाता है,
इसके कई नाम हैं, विष्णुपदी, जाह्नवी, देव नदी, नदीश्वरी, त्रिपथगा,
त्रिपथगामिनी, भागीरथी, मन्दाकिनी
वैसे स्वर्ग से इसे मन्दाकिनी और
पाताल में भागीरथी नाम से जाना जाता है।
भागीरथी की तपस्या ही तो फली थी
जो आकाश से गंगा धरा पर चली थी,
शिवजी ने इसे जटाओं में धारा,
पर यह कब रुकने वाली थी,
निकली आरम-पार सी।
गंगा निकली गंगोत्री से
विलीन हुई हिमसागर में।
हमारे ग्रन्थों में गंगा की महिमा अपरम्पार है
जीते जी इसमें डुबकी लगाते
अपने पापों की गठरी को कम करते,
बैकुण्ठवासी होने पर मानव की राख
भी इसमें बहाते–मृत्यु को सुधार लेते।
गंगा पापों की नाशिनी,
गंगा जल में अमृतमयी गुण,
गंगा का जीवन दर्शन अद्‌भुत।

ब्रह्म के श्राप से वह
धरती पर चली–हिमालय मैना की पुत्री बनी,
माता पार्वती की बहन कहलायी।
शिव का स्पर्श मिला–उनसे विवाह रचाया
कार्तिकेय को अपने गर्भ में धारण किया–
गणेशजी को गंगा के पानी में डुबकी लगवायी
नव जीवन का संचार हुआ। फिर एक बार जन्म लिया
ऋषि जह्नु की पुत्री बनी,
राजा शान्तनु की रानी बनी।
8 पुत्रों की माँ बनी
7 पुत्रों को नदी में बहाया
8वें पुत्र भीष्म पितामह कहलाये।
गंगा नदी की महिमा अपरम्पार है,
हज़ारों किलोमीटर तक बहती है,
लोगों के जीवन यापन में काम आती है,
माँ गंगा को नमन
जीवनदायिनी, पापनाशिनी को नमन।

नर्मदा की गाथा

कंटक की गोद से निकली, पावन नर्मदा अविरल चली,
कल-कल बहती निर्मल धारा, जीवन का यह सजीव सहारा।
मध्य प्रदेश की पुण्य विभूति, गुजरात की तू शान निराली,
महाराष्ट्र से भी तेरा नाता, तेरे जल से दुनिया पाती ख़ुशहाली।

नर्मदा मैया बहती जाये, कल-कल ध्वनि अमृत सुनाये,
पर्वत, वन, मैदान पार, शीतल जल से करे उद्धार।
गौरी रूप में शान्ति दिखाये, कभी प्रचण्ड लहरें चलाये,
स्नान करे जो श्रद्धा लाये, पाप मिटे, पुण्य बढ़ जाये।

तट पर बसी भक्ति की धारा, हर घाट का दृश्य है प्यारा,
रेवा-शिप्रा संग मिल जाये, हर जन को मोक्ष दिलाये।
तेरे जल से हरियाली छायी, किसान तुझे माता कहाये,
शिव का वरदान मिला तुझे, हर पत्थर शिवलिंग बन जाये।

रेवा, अमरजा, मेकलकन्या, रुद्रकन्या तेरा हर नाम,
तेरी सहायक नदियाँ बहतीं, बारना, तवा, कोलार संग।
हर घाट पर तेरी महिमा, भक्ति में हर मन रंगा,
जो तेरी करे परिक्रमा, मोक्ष का द्वार वहीं खुले।

ओंकारेश्वर, महेश्वर तट पर गूँजे भक्ति के पावन स्वर,
संगमरमर की चट्टानों में भेड़ाघाट का अनुपम स्वरूप निखर।
कभी शान्त, कभी चंचल, अद्भुत तेरा यह बहाव,
सागर से मिलने का तेरा सपना, तेरा अटूट लगाव।

पश्चिम की ओर बढ़ती जाये, हर कण में नवजीवन लुटाये,
हे माँ नर्मदा, तेरी गाथा से हर जीवन तुझसे नाता जोड़े।
तेरी धाराएँ अमृत बरसाएँ, सब पर तेरी कृपा छाये,
जहाँ-जहाँ से तू बहती, संस्कृति की छवि सजती।

जय नर्मदा, जय जीवन धारा!

सिनेमा, ओटीटी और बदलती सामाजिक व्यवस्था का हमारे जीवन पर पड़ता प्रभाव

"रील लाइफ़ और रियल लाइफ़ का ख़तरनाक भ्रम"
आज का सिनेमा अब केवल मनोरंजन नहीं रहा,
वह हमारे विचारों को गढ़ रहा है,
हमारी भाषा बदल रहा है,
हमारे रिश्तों को तोड़-मरोड़ कर पेश कर रहा है।

पर्दे पर दिखाई जाने वाली रील लाइफ़ को
हमने रियल लाइफ़ समझना शुरू कर दिया है।

फ़िल्मों में दिखाया जाता है
नायक पहली नज़र में प्रेम में पड़ गया,
लड़की माँ-बाप, घर-परिवार सब छोड़कर भाग गयी,
माँ-बाप खलनायक बना दिये गये,
और अन्त में सब कुछ 'हैप्पी एंडिंग'।

लेकिन प्रश्न यह है
क्या वास्तविक जीवन इतना सरल होता है?
क्या ज़िन्दगी दो-ढाई घण्टे की फ़िल्म है?

हाल ही में हमारी संस्था के पास
दो-तीन ऐसे घटनाक्रम आये
जहाँ लड़कियाँ
घर से भागकर शादी कर चुकी थीं।

माँ-बाप परेशान दर-दर भटक रहे हैं
बेटी को वापस लायें तो कैसे?
समाज को उत्तर दें तो कैसे?
और बेटी को समझायें तो कैसे?

एक बेटी को घर वापस लाना
सिर्फ़ क़ानूनी प्रक्रिया नहीं
यह माता-पिता की आत्मा को छलनी कर देने वाला संघर्ष है।

तब मन से प्रश्न उठता है,
क्या हम कहीं बहुत ग़लत दिशा में तो नहीं जा रहे?
हमारी मर्यादाएँ, संस्कार और परिवार व्यवस्था
क्या धीरे-धीरे टूटती जा रही हैं?

मैं पूरे विश्वास से कहना चाहती हूँ
जो सचमुच प्रेम करता है,
वह चुपचाप भगा नहीं ले जाता।
सच्चा प्रेम साहस देता है,
परिवार से बात करने का,
ज़िम्मेदारी उठाने का,
सम्मान के साथ रिश्ता निभाने का।

भाग जाना प्रेम नहीं,
वह भावनाओं का उफान है,
क्षणिक आकर्षण है–
जिसे सिनेमा ने 'हीरोइज़्म' बना दिया है।

आज के सिनेमा और वेब सीरीज़ में
जो खुलकर परोसा जा रहा है
वह बेहद चिन्ताजनक है।

गालियाँ,
मारधाड़,
ख़ून-ख़राबा,
बदला,
अपराध और हिंसा
इन्हें पर्दे पर 'स्टाइल' बना दिया गया है।

जब पर्दे पर नायक गाली देता है
और दर्शक तालियाँ बजाते हैं,
तो वही भाषा
हमारे युवाओं की ज़ुबान बन जाती है।

और तब हम हैरान होते हैं कि,
युवाओं में अपराध क्यों बढ़ रहे हैं?
असंवेदनशीलता क्यों आ रही है?

जो देखा जाता है, वही दोहराया जाता है।

आज के स्थापित नायक-नायिकाएँ
सिर्फ़ कलाकार नहीं हैं
वे रोल मॉडल हैं।

जिसे देश पूजता है,
जिसकी एक झलक पर भीड़ उमड़ती है,
क्या उसका समाज के प्रति कोई कर्तव्य नहीं बनता?

क्या वे निर्देशक से यह नहीं कह सकते कि
"मैं गाली नहीं बोलूँगा,
मैं अनावश्यक हिंसा नहीं दिखाऊँगा"?

अगर वे चाहें तो
पूरी इंडस्ट्री की दिशा बदल सकती है।

प्रतिष्ठा केवल प्रसिद्ध होने से नहीं आती,
प्रतिष्ठा ज़िम्मेदारी निभाने से आती है।

आज ओटीटी प्लेटफ़ॉर्म पर
लगभग कोई प्रभावी सेंसर नहीं है।

अपरिपक्व उम्र के बच्चे
वह सब देख रहे हैं
जो पहले वयस्कों तक सीमित था।

रिश्तों का मज़ाक़,
संयम का मज़ाक़,
विवाह का मज़ाक़,

और नैतिकता का मज़ाक़।
जिस उम्र में चरित्र बनना चाहिए,
उस उम्र में चरित्र टूट रहा है।

इसलिए मैं स्पष्ट रूप से कहना चाहती हूँ,
ओटीटी पर सेंसर बेहद आवश्यक है।
यह अभिव्यक्ति की स्वतन्त्रता नहीं,
भविष्य की पीढ़ी की सुरक्षा का प्रश्न है।

लेकिन सखियो,
यह कहना भी अधूरा सत्य होगा कि
सारी ज़िम्मेदारी केवल सिनेमा या ओटीटी की है।

आज हमारा सामाजिक और पारिवारिक ढाँचा भी तेज़ी से बदल रहा है।
संयुक्त परिवार टूटकर
एकल परिवार बनते जा रहे हैं।

जहाँ पहले
दादा-दादी की कहानियाँ थीं,
मामा-मौसी का अपनापन था,
चाचा-ताऊ का संरक्षण था
आज वहाँ
अकेलापन है,
मोबाइल है
और स्क्रीन है।

जब घर के भीतर
संवाद कम हो जाता है,

समय कम हो जाता है,
और अपनापन कम महसूस होता है
तो बच्चे बाहर की दुनिया में
सहारा ढूँढ़ने लगते हैं।

और वही बाहर की दुनिया
फ़िल्मों, वेब सीरीज़ और सोशल मीडिया से
उन्हें अपने रंग में रंग लेती है।

याद रखिए
जिस घर में प्यार भरपूर होता है,
वहाँ बच्चे भटकते कम हैं।

अगर बच्चे को
घर में सुना जाये,
समझा जाये,
अपनाया जाये
तो फ़िल्मी दुनिया का असर
उस पर इतना घातक नहीं होता।

इसलिए ज़रूरत है
केवल पर्दे को दोष देने की नहीं,
बल्कि घर के भीतर
रिश्तों को मज़बूत करने की भी।

भारत कोई साधारण भूमि नहीं है
यह सनातन भूमि है।
यहाँ संस्कार, संयम और मर्यादा की जड़ें हैं,

हमारी परम्परा, हमारी संस्कृति, हमारी विरासत महान हैं।
अगर हमने समय रहते चेतना नहीं दिखाई,
तो हमारी संस्कृति किस दिशा में जायेगी
हम शायद तब भी नहीं समझ पायेंगे
जब बहुत देर हो चुकी होगी।

आज बच्चों को सिर्फ़ डाँट नहीं,
संवाद चाहिए।

माँ-बाप अगर बच्चों के मित्र बन जायें,
तो बच्चा कोई बात छुपायेगा नहीं।

बच्चों को यह समझाना होगा कि
पिक्चर पिक्चर होती है,
जीवन नहीं।

आज ज़रूरत है
बच्चों के साथ बैठकर देखने की
वे क्या देख रहे हैं।

उनसे बात करने की,
उनके प्रश्नों का उत्तर देने की।

सिनेमा को जीवन मत बनने दीजिए
उसे बस सिनेमा ही रहने दीजिए।

क्योंकि
अगर आज हमने बच्चों का हाथ नहीं थामा,

तो कल समाज
हमारे हाथ से फिसल जायेगा।

आइये अपनी जड़ों की ओर लौटें,
संयुक्त परिवार की परम्परा को अपनायें,
अपने बच्चों का भविष्य सुरक्षित करें।

क्या आप लोग मेरी बातों से सहमत हो?
आपकी क्या राय है ज़रूर बतायें।

चिट्ठियों का वह बक्सा जिसमें न जाने कितनी बातें

कभी जब यूँ अकेली बैठी होती हूँ,
यादों की लहरों में डूबती उतरती रहती हूँ।
खोल देती हूँ चिट्ठियों का वह बक्सा,
जिसमें न जाने कितनी बातें भरी हुई हैं।

एक-एक ख़त हाथों से उठाती हूँ,
उसकी सुगन्ध में सरोबार हो जाती हूँ।
एक ज़माना था, कितना इन्तज़ार रहता था,
गली के मोड़ पर डाकिये की राह तकते थे।

डाकिये को देखते ही ख़ुशी छा जाती थी,
ख़त मिलते ही उसे धन्यवाद दिया जाता था।
कभी-कभी तो इनाम भी दिया जाता,
हर गली-मोहल्ले में उसका मान बढ़ जाता।

आज भी सुरक्षित हैं वे सारे ख़त,
जो जीवन के हर रंग समेटे हैं।
सगाई के बाद के मीठे ख़त,
नये जीवन की आधारशिला के ख़त।

माता-पिता के आशीर्वाद भरे ख़त,
भाई-बहनों की हँसी में भीगे ख़त।
सखी-सहेलियों के मज़ाक़ में रंगे ख़त,
हर शब्द में बसी थी एक दुनिया अलग।

आज के युग में, नयी तकनीक में,
न जाने वो ख़त कहाँ दफ़न हो गये।
अब सब कुछ यान्त्रिक-सा लगता है,
कोई एहसास, कोई सुगन्ध नहीं बसती है।

क्या कोई ख़त, ख़त हो सकता है?
जिसे हाथों से न छू सकें,
जिसकी महक को दिल महसूस न कर सके
जिसका हर शब्द अनकहा रह जाये?

वे ख़त, मोतियों के दानों से,
जिन्हें लिखते थे प्यार के पन्नों पर।
आज भी दिल के सागर में तैरते हैं,
अनलिखे जज़्बात भी बयाँ कर जाते हैं।

आज फिर उसी इन्तज़ार में हूँ,
कभी तो आयेगा वो ख़त,
जो बीते पलों को लौटा लायेगा,
और फिर से युवा बना जायेगा।

चाय-कॉफ़ी का प्याला, हमारा हम निवाला

सुबह आँख खुलते ही
हाथ में हो
चाय का एक प्याला,
साथ में हो दैनिक ख़बरनामा
और बज रहा हो
प्रभु सुमरन का गाना,
कितनी सुहानी शुरुआत होती है,
शुभ-प्रभात की,
एक नये दिन की।

यह चाय भी
कितनी अजीब होती है!
इससे
न जाने कितने अनजाने रिश्ते
जुड़ जाते हैं।
चाय-कॉफ़ी का एक कप
और कुछ पल का संवाद
किसी अनजान को भी
अपना बना देता है।
कभी-कभी तो यह,

अनजान दिलों का,
जीवन भर का साथ बन जाता है!

चाय दिल के क़रीब होती है,
दुख-सुख की साथी होती है,
कॉफ़ी दिमाग़ को ताज़गी देती है,
तनाव-सुस्ती दूर भगाती है,
चाय की सब चाह करते हैं,
कॉफ़ी दिमाग़ी उलझन को
हल कर देती है।

एक चाय काफ़ी है
बातों का सिलसिला शुरू करने,
चाय आम आदमी का प्रतीक है,
कॉफ़ी प्रबुद्ध व्यक्तित्व का प्रतीक है,
चाय में मिठास-मसाला होता है,
कॉफ़ी थोड़ी-सी
कड़क-ज़ायक़ेदार होती है।

पर चाहे कुछ भी हो,
चाय-कॉफ़ी का प्याला थामे,
हम घण्टों बातें कर सकते हैं।
दिल की गिरह खोल सकते हैं।
मन की बातें कर सकते हैं।
हृदय खोलकर रख सकते हैं।

चाय-कॉफ़ी के उठते धुएँ के साथ,
दिल का सारा गुब्बार

निकाल सकते हैं।
इसलिए तो सब कहते हैं,
यह चाय-कॉफ़ी नहीं,
हमारा हम निवाला है।
साथ-साथ रहने का,
सबसे मिलने का,
कितना सुन्दर बहाना है।

आओ सखियों चाय पर मिलते हैं

कुछ अपनी सुनाते हैं,
कुछ तुम्हारी सुनते हैं,
बरसों बीत गये,
बेफ़िक्री का आलम न जाने
कहाँ गुम हो गया,
अब तो कुछ देर बैठें
सुकून के पल जियें,
अपने मन का कुछ करें,
चाय की एक ऐसी टपरी पर जायें,
जहाँ कोई हमें जज न करे,
किसी की नज़रों का हम सामना न करें,
ख़ूब बतियायें-नाचे-गायें,
मन के सारे विषादों को बहा दें–
चलें एक ऐसी छोटी-सी टपरी
हम मिलकर बना दें–
जहाँ सिर्फ़ सखियाँ मिलें,
जीवन में एक नयी उमंग भरें,
फिर एक नयी आशा लेकर
अपने घर की तरफ़ चल पड़ें।

बुरा वक़्त आये तो

धैर्य धारण करना चाहिए,
चुप्पी साध लेनी चाहिए,
उस वक़्त को गुज़र जाने देना चाहिए।
किस पर बुरा वक़्त नहीं आता?
अच्छे लोगों पर भी बुरा वक़्त आता है,
प्रभु के प्रति विश्वास की लौ जलाये रखनी चाहिए।
बुरा वक़्त और कष्ट तो
प्रभु के जीवन में भी आये,
सती, सीता-द्रौपदी, अंजना-अहिल्या,
मयणा सभी इसी पथ से गुज़रीं,
आशा का दामन कभी नहीं छोड़ा, तीर्थंकर परमात्मा
प्रभु महावीर ने केवल ज्ञान के पश्चात भी उपसर्ग सहे।
समता भाव में हरदम रहे।
प्रभु श्रीकृष्ण को तो जन्म लेते ही
माता-पिता से बिछुड़ना पड़ा,
प्रभु श्री राम को 14 वर्ष वनवास जाना पड़ा,
हम सभी तो आम इन्सान हैं,
कर्म गति से कोई नहीं बचा है।
बस जब बुरा वक़्त आये
तो मन को समझाना

बुरे कर्मों का क्षय हो रहा है,
पाप कर्मों का नाश हो रहा है,
यह वक़्त भी गुज़र जायेगा,
अच्छा समय नहीं रहा तो बुरा भी नहीं रहेगा।

अन्तर्मन की पुकार

सुन-सुन अन्तर्मन क्या बोले रे,
बोले–गांधीजी के तीन बन्दर बन जाना रे।
“बुरा मत देखो, बुरा मत सुनो, बुरा मत कहो”
इस मन्त्र से जीवन को आनन्दमय बना लेना रे।

चुपके से कानों में ये कहता है,
वाणी को मधुमय और मीठा बना लेना है।
हर शब्द हो जैसे गुड़ की डली,
जहाँ भी बोलो, हो मिठास की झलक खुली।

कहता अन्तर्मन मेरा हर रोज़,
बाहरी रूप-रंग को सँवार लिया बहुत सोच-समझ के रोज़।
अब तो भीतर झाँक ले ज़रा,
क्या वहाँ भी किया है कोई श्रृंगार भरा?

सँवारे उसे, रंग-रोगन से भर दे,
जहाँ सच्ची सुन्दरता आत्मा से झरते जल बन बहती है।

बोला अन्तर्मन मेरा सच्चे भाव से,
महँगी चीज़ों से नहीं होता तुम्हारा मूल्य इस संसार में।

तुम्हारा मोल तब है, जब तुम्हारा नाम सुनते ही
अनगिनत चेहरों पर मुस्कान छा जाये हर शाम में।

कहता अन्तर्मन मेरा–
सिर्फ़ विचार मत रखो, उन्हें सिद्धान्त बनाओ,
जीवन में उतारो, लोगों की प्रेरणा बन जाओ।

और फिर बोला अन्तर्मन मेरा एक सच्चा गीत,
"बहुत बीत गया समय, अब तो जागो जीत।
जीवन को सार्थक कर डालो पूरी लगन से,
और जब दुनिया से जाओ–
तो हज़ारों आँखें नम हो जायें तुम्हारे स्मरण से।"

दिल के टुकड़े

इस दिल के टुकड़े हज़ार हुए,
कोई यहाँ गिरा, कोई वहाँ बिखर गया।
जी हाँ, ये दिल बहुत अजीब होता है,
नाज़ुक काँच-सा, जो ज़रा सी ठेस में चूर-चूर हो जाता है।

हर मोड़ पर कोई धोखा देगा,
कोई भावनाओं से खेल जायेगा।
इस दुनिया की यही रीत है,
दिल को अब मज़बूत बनाना ही प्रीत है।

ताकि ना टूटे, ना बिखरे यह दिल,
ना पहुँचे अस्पताल, ना हो इलाज की सिलसिल।
अपेक्षाओं को दूर से नमस्ते कह देना,
आकांक्षाओं को हल्के-से विदा कर देना।

भावुकता को थोड़ा दरकिनार करना होगा,
एक कान से सुनकर, दूसरे से निकालना होगा।
पर दिल पर ज़ोर नहीं डालना है,
क्योंकि यह दिल हमारा अपना है–
इस पर किसी और की हुक़ूमत नहीं चलना है।

मेरे दिल के दो टुकड़े हैं–अभिषेक-अभिनन्दन
पर वे नहीं जो टूटा दिल दिखाते हैं,
बल्कि दो धागों में पिरोये
बेशक़ीमती, अनमोल, अमूल्य मोती हैं।

जिन्होंने हरदम दिल को थामे रखा,
हर दुख में साथ निभाया, हर आँसू को सहा।
मेरा आशीर्वाद ही उनके लिए सबसे बड़ा धन है।

एक माँ का दिल यही दुआ करता है,
वे सदा सुखी रहें, स्वस्थ रहें–
हर मनोकामना उनकी पूरी हो,
ईश्वर का साया सदा उन पर रहे।

किसी मोड़ पर

किसी मोड़ पर वो लम्हा आया था,
जब हम-तुम अचानक टकराये थे।
नैनों से नैन मिले ऐसे,
जैसे दिल की बगिया में फूल मुस्काये थे।

हवा में घुलने लगा था कोई नशा,
जब उँगली के पोर को
हल्के से तुमने छुआ था।
तुम्हारी वो एकटक नज़रें,
गालों को गुलनार कर जाती थीं।

कितना अजीब था वो मोड़,
तुम जोधपुर, मैं मुम्बई–
फिर भी रात भर बातें होती थीं।
घण्टों फ़ोन पर वो मुस्कुराहटें,
दिनभर होंठों पर गीत सजते थे।

बैठे-बैठे मैं खो जाती थी,
तुम्हारे ख़यालों में
हर पल डूबी रहती थी।

वो मीठे पल, वो चुपके मिलना,
जैसे कोई अधूरी-सी कविता पूरा रूप ले रही थी।

ईश्वर को भी यही मंज़ूर था,
जोड़ियाँ आसमान में बनती हैं,
तभी तो किसी मोड़ पर
हमारा मिलना लिखा था।

हम मिले और
जीवन भर का साथ बन गया।
पर आज भी दिल तरसता है
उन बेतहाशा बातों वाली रातों के लिए,
जब शब्द कम पड़ते थे
पर दिल भर आया करता था।

ऐ बुढ़ापे, तुम बिल्कुल मत आना

बचपन गया,
युवावस्था भी पार कर गये,
अब वृद्धावस्था की
दहलीज़ पर खड़े हैं हम।

पर ऐ बुढ़ापे,
तुम बिल्कुल मत आना!
आओ तो ऐसे आना,
बस छूकर निकल जाना।

दिल तो आज भी
एक बच्चे-सा धड़कता है,
कुछ करने का जज़्बा
आज भी बरकरार है।

युवाओं-सी रवानी,
उत्साह में तूफ़ानी बहार है,
हिमालय पर तिरंगा लहराने की
तमन्ना आज भी ज़िन्दा है।
भुजाएँ आज भी
लाल-लाल हैं, सजग हैं।

आज भी मन
तितली-सा उड़ता है,
आँखों में अनगिनत
सपनों की रोशनी है।

संगीत की धुन पर
पैर अब भी थिरकते हैं,
होंठों से प्यार का नग़मा
स्वतः फूट पड़ता है।

हवाओं पर नाम लिखने की
हिम्मत भी अब तक बाक़ी है,
हर दिन जीवन को
नया आयाम देती हूँ।

हमसफ़र का नाम आते ही
गालों पर लाली छा जाती है–
क्या यही है बुढ़ापा?
नहीं...यह तो बस एक अवस्था है।

बचपन और बुढ़ापा
एक-दूसरे के साथी हैं–
बचपन सिखाता है,
बुढ़ापा अनुभवों की गठरी लाता है।

बस! बुढ़ापे में
बचपन की मासूमियत
और भोलापन बचाये रखो।

हर पल उम्मीदों की
नयी-नयी लौ जलाते रहो।

जीवन को
दैदीप्यमान बनाते चलो–
जियो! जी भरकर जियो!
आख़िरी साँस तक
ख़ूब जियो।

और ऐसा जियो कि
मरने के बाद भी
तुम्हारा नाम जिये–
ख़ूब जिये, सदा जीता रहे।

और हाँ,
बुढ़ापे से साफ़ कह दो–
भाई, तुम जाओ,
यहाँ तुम्हारा कोई काम नहीं।

हाँ, जानती हूँ, मेरे लाख मना करने के बाद भी
तुम समय के साथ आओगे ही
पर आना तो बस एक मित्र की तरह आना
जिसके आते ही
सारा चित्र बदल जाता है।

हाँ, मैं कुछ पुराने ख़यालों की हूँ

हाँ, मैं कुछ पुराने ख़यालों की हूँ कुछ,
क्योंकि मुझे अपनी संस्कृति से प्यार है।
रोज़ सुबह उठकर ईश्वर के दर्शन करती हूँ,
उनके चरणों में वन्दन करती हूँ,
माता-पिता, सास-ससुर की तस्वीर के आगे
सिर झुका, आशीर्वाद माँगती हूँ।

हाँ, मैं कुछ-कुछ पुराने ख़यालों की हूँ,
बड़ों से बहस करना मुझे पसन्द नहीं,
उनकी बातें ध्यान से सुनती हूँ,
अगर कोई बात अच्छी नहीं लगती,
तो बाद में स्नेह से समझाती हूँ,
पर बेवजह विवाद नहीं करती।

हाँ, मैं कुछ-कुछ पुराने ख़यालों की हूँ,
किसी भी नशे की ग़ुलाम नहीं,
शराब पीना मेरे नये विचारों का प्रतीक नहीं,
मेरे विचार, मेरी सोच समय के साथ चलती है,
बेटे-बेटी में कोई अन्तर नहीं करती,
पर आधी रात तक अकेले घूमना उनका
मुझे सही नहीं लगता।

हाँ, मैं कुछ-कुछ पुराने ख़यालों की हूँ,
शिक्षा की पक्षधर हूँ,
पर बच्चों को संस्कारों की सीख देना भी ज़रूरी है।
मुझे आधुनिकता के नाम पर फूहड़पन पसन्द नहीं,
कपड़ों से, दिखावे से, नशे की लत में फँसने से
कोई आधुनिक नहीं बनता।

आधुनिकता होनी चाहिए व्यवहार में,
समानता की भावना में,
दूसरों को सम्मान देने में,
अपनी संस्कृति को सँजोने में।
फूहड़ता आधुनिकता नहीं है,
अच्छे विचारों की गरिमा ही आधुनिकता है।

हाँ, मैं कुछ-कुछ पुराने ख़यालों की हूँ,
लिव-इन रिलेशन मुझे रास नहीं आता,
ज़िम्मेदारियों से भागना नहीं सुहाता।
शादी की परम्परा निभानी आनी चाहिए,
छोटी-छोटी बातों पर तलाक़–
क्या यही आधुनिकता है?

सहनशीलता और त्याग से बनता है घर,
बच्चों का भविष्य सबसे ज़रूरी है।
रिश्तों को आख़िरी साँस तक निभाना आना चाहिए,
बड़ा कारण हो तो अलग बात है,
वरना–
हाँ, मैं कुछ-कुछ पुराने ख़यालों की हूँ।
हमारी माँएँ, नानियाँ, दादियाँ,

हमसे ज़्यादा ख़ुश रहती थीं,
तनावमुक्त जीवन जीती थीं।
घर में उनका सम्मान था,
अपने प्यार से परिवार को बाँधे रखती थीं,
घर में रहकर भी
सामाजिक और धार्मिक जीवन ख़ुशी से जीती थीं।

आज, दिखावे और दौड़ में,
सब कुछ होते हुए भी
तनाव और मतलब के रिश्ते रह गये हैं।
क्यों न सामंजस्य बिठा लें?
कुछ पुराना, कुछ नया अपना लें?
रिश्तों में मधुरता घोलें,
प्यार से जीवन सँवारें।

बेटियों को आसमान दें,
उनकी सखी बनें,
पर नर-नारी की प्रतिस्पर्धा क्यों?
दोनों अलग-अलग व्यक्तित्व हैं,
कोई किसी से कम नहीं।
फिर यह उलझन क्यों?

हाँ, मैं कुछ-कुछ पुराने ख़यालों की हूँ,
पर आधुनिकता में भी किसी से कम नहीं।
अपना व्यक्तित्व गढ़ती हूँ,
पर परिवार को साथ लेकर चलती हूँ।
'मैं' के अभिमान से बचती हूँ,
हम बनकर हरदम चलती हूँ।

सच्चा परिधान

कुछ दिन पहले की ही बात है,
एक पार्टी में हम सखियाँ साथ थीं।
हँसी-ठिठोली, बातों का दौर,
ख़ुशियों से भरा था हर एक छोर।

अचानक एक महिला आयी,
मेरी सखी को देख मुस्कायी।
बोली–"अरे! यही परिधान पिछली पार्टी में भी पहना था,
हर बार एक ही ड्रेस? यह तो अनोखा क़िस्सा था।"

मैंने देखा सखी का चेहरा, वह शान्त थी, होंठों पर मुस्कराहट थी,
उसकी मुस्कान गहरी थी,
बिना झिझक, बिना शर्म के,
बोली वो विश्वास से भरके
"हाँ, पहना था तो क्या हुआ?
मेरी ड्रेस है, मेरी मर्ज़ी है, क्यों हुआ हंगामा?"
एक बार पहनूँ या सौ बार,
इसमें क्यों हो किसी को आपत्ति हर बार?

सुनकर उसकी बात, मन मुस्काया,
उसकी सरलता आत्मविश्वास ने दिल को लुभाया।
आजकल हर पार्टी में चाहिए नया परिधान,
वरना फ़ेसबुक पर कैसे दिखेगा मान-सम्मान?
लोग क्या कहेंगे, इस सोच में खो जाते हैं,
अपनी ख़ुशी को परिधानों में तौल जाते हैं।
पर सच तो ये है कि
व्यक्तित्व हमारी मुस्कान से ही खिलते हैं।

सच्चा परिधान हमारा मीठा स्वभाव,
विनम्रता और नम्रता ही असली श्रृंगार का भाव।
परिधान बदलने से व्यक्तित्व नहीं बदलते,
दिल की सुन्दरता से ही रिश्ते सँभलते।

तो चाहे एक ड्रेस सौ बार पहनो,
ख़ुद से प्यार करो, ख़ुद को अपनाओ।
क्योंकि सच्चा परिधान है
तुम्हारी सच्चाई सरलता सहजता
उसके ऊपर मीठी-सी मुस्कान,
दूसरों की मदद करने की ख़्वाहिश
जो हर दिल पर छोड़े अमिट पहचान।
ब्रांड के पीछे मत भागो,
अपने कार्यों से ख़ुद ब्रांड बन जाओ।
लोग जब दें तुम्हारा उदाहरण दें।

फिर मिलेंगे...
अमृता को समर्पित

कब, कहाँ, कैसे–ये प्रश्न नहीं ज़रूरी,
फिर मिलेंगे, ये वादा है–इक बात है पूरी।

कूची की तस्वीर बन उभरूँगी मैं,
गीत बनकर क़लम से उतरूँगी मैं।
नृत्य बनकर क़दमों में थिरक जाऊँगी,
तेरे इर्द-गिर्द हर साँस में समा जाऊँगी।

तेरे नम्बर के चश्मे में झलकूँगी,
हथेलियों की रेखाओं में चमकूँगी।
बारिश की हर बूँद में बरसूँगी,
सागर की लहरों में झूमूँगी, मचलूँगी।

नदियों की कल-कल में गूँजूँगी,
कोयल की कुहू-कुहू में गाऊँगी।
पेड़ों की छाँव में सरसराऊँगी,
नीले आकाश में नीलिमा बन छाऊँगी।

सूरज की किरणों में मुस्काऊँगी,
चाँदनी रातों में चुपके से आऊँगी।

दीपक की लौ में जलूँगी,
भँवरे की गुंजन में गुनगुनाऊँगी।

पतंगे की पीड़ा में पिघलूँगी,
फूलों के पराग में महकूँगी।
इन्द्रधनुष के रंगों में खिल जाऊँगी,
धरती की हरियाली में समा जाऊँगी।

बीज की सूक्ष्मता में भी मिलूँगी,
तुम्हारे दिल की धड़कन में धड़कूँगी।
शायद और कहीं न मिलूँ,
पर तुम्हारे दिल में हर पल मिलूँगी।

एक बार ही नहीं...
हर रोज़, हर शाम, हर क्षण, हर साँस,
मैं तुमसे मिलूँगी—बार-बार, फिर-फिर।

हम लैला-मजनूँ नहीं,
ना ही हीर-राँझा, सोहनी-महिवाल सही,
हम तो उनसे भी आगे निकले,
जिन्होंने मिलन स्वर्ग में ढूँढ़ा,
हमने धरती पर ही जन्नत बसा ली।

बिल्कुल वैसे नये वर्ष तुम आना

बिल्कुल वैसे नये वर्ष तुम आना
जैसे घर में नवजात शिशु आता है।
साथ में ढेरों ख़ुशियाँ लाता है।
देखकर उसका सलोना मुखड़ा
माँ सारी पीड़ा भूल जाती है।
तुम भी ऐसे ही आना,
बीते वर्ष की सारी कड़वी यादें
भुला देना।
जनवरी को मुस्कराहट से भर देना,
फ़रवरी में वसन्त खिला देना,
मार्च को रंग-बिरंगे रंगों से रंग देना,
अप्रैल-मई की गर्मी की छुट्टियों में
बचपन को महका देना,
जून-जुलाई में
बारिश की बूँदों के
घुँघरुओं की झंकार से
घर आँगन को गुँजा देना।
अगस्त तुम बनकर डाकिया,
पर्वों की बारात संग
उमंग, आनन्द, उल्लास का

सन्देश लेकर आना।
अक्टूबर को दियों से जगमगा देना,
हर अँधेरे को उजाले से भर देना।
नवम्बर तुम कुनकुनाती सर्दी के
एहसास को लेकर आना।
प्रकृति की कृति को
ठण्डक से भर देना।
साँसों को
शीत ठण्डे मस्त महकते पवन से
सुवासित कर देना।
सारा विषाद भुला देना।
पूरे वर्ष का लेखा-जोखा लिए
दिसम्बर तुम फिर आना।
ख़ुशियों का मुनाफ़ा
भारी रहा यह बतला देना।
कोविड जड़ से मिट गया है,
कोरोना संकट टल गया है,
दुनिया फिर एक बार
बेख़ौफ़ बन के दौड़ रही है,
चारों ओर ख़ुशियाँ छा रही हैं,
हर कानों में यह गुनगुना देना।
फिर तुम नये साल के आने की
ख़ुशख़बरी लाना।
दिसम्बर-जनवरी तुमसे
बहुत आशाएँ जुडी़ हैं।
बस तुम आगे बढ़ने को
प्रोत्साहित करते जाना।
जैसे उँगली पकड़ कर

माता-पिता बच्चों को
चलना सिखा देते हैं,
बढ़ती उम्र के साथ
उसे दुनिया से
क़दम मिलाना सीखा देते हैं,
देखकर उसकी कामयाबी
फूले नहीं समाते हैं,
वैसे ही ये नये साल,
तुम भी सबके ईश्वर रूपी
माता-पिता बनकर
इस सृष्टि के प्रत्येक प्राणी की
झोली ख़ुशियों से भर देना।
आओ पधारो ऐ नये साल,
तुम्हारे स्वागत में हम
पलकें बिछाये बैठे हैं
पर सुनो,
तुम मेहमान बनकर मत आना
बिल्कुल उस नवजात शिशु सा
घर का सदस्य बन कर आना
ढेर सारी ख़ुशियों के साथ।

समय का पंछी

समय का पंछी
अपने पंख फैलाये
उड़ चला।
दिन दर्शिका में
एक साल कम हो गया!
जीवन के दिन यूँ ही
गुज़रते जाते हैं।
समय अपनी रफ़्तार से
दौड़ता रहता है।
उम्र की डायरी से
कुछ साल घट जाते हैं।
तब भी हम वक़्त की क़ीमत
समझ नहीं पाते हैं।
अपना हर काम हम
क्यों कल पर टालें?
अतीत की अच्छी-बुरी बातों में
क्यों उलझे रहें?
क्यों आने वाले
भविष्य की चिन्ता में
सुगबुगाहट करते रहें?

‘भूत से शिक्षा लें,
भविष्य के सपने देखें,
पर वर्तमान को
जी भर कर जियें।’
तभी तो जीवन सार्थक होगा।
जो आज है, अब है,
वही शाश्वत है, वही सत्य है।
ख़ुशियों को कल पर न टालें,
जो पल ख़ुशी दे,
उसमें सम्पूर्ण डूब जायें।
यही सिर्फ़ हमारा पल है,
इसे थाम लो।
किसी ने क्या ख़ूब कहा है,
“शानदार था भूत और
भविष्य भी महान है
पर आप उसे सँभालें
जो वर्तमान है।”
अन्यथा जीवन भर
पछताते ही रह जायेंगे
कि काश उस समय
मैंने जीवन को जी लिया होता!
जीवन ने कहा,
“ख़ुशियाँ पाँच दिनों के बाद मिलेंगी”,
ज़िन्दगी के पंचांग में देखा तो
जीवन ही चार दिनों का था।

भीतर का समन्दर

आज बैठी हूँ ऐसे स्थल पर,
जहाँ चारों ओर समन्दर ही समन्दर है,
न कोई ओर दिखाई देती,
न किसी छोर का अनुमान है।
निरन्तर बहता जल,
गरजती हुई लहरें,
जैसे पूछती हों मुझसे–
क्या कभी थमती है चाह की यह धार?

सोचती हूँ,
अगर कोई इन्सान
इसके बीच फँस जाये,
तैरना जानता हो तब भी
कहाँ तक तैरेगा?
न कोई किनारा,
न कोई आश्रय–
बस अथाह गहराई।
तब या तो
कोई देवदूत उतरे,
नाव लेकर आये,

या आसमान से
कोई हेलीकॉप्टर आकर
उसे बचा ले–
अन्यथा
डूबना ही है उसकी नियति।

फिर दृष्टि भीतर मुड़ती है–
अरे!
हमारे अन्दर भी तो
एक समन्दर बसता है,
इच्छाओं का, तृष्णाओं का,
हज़ारों योजन फैला हुआ।
एक चाह पूरी होती नहीं
कि दूसरी जन्म ले लेती है,
और मन
लहरों की तरह
अशान्त रहता है।

समन्दर भी अपनी ही मर्यादा में रहता है,
इसीलिए तो आज तक
यह दुनिया बची हुई है।
अगर वह भी अपनी सीमा लाँघ दे,
तो धरती का अस्तित्व डगमगा जाये।
वैसे ही भीतर के समुद्र को भी
मर्यादित करना होगा,
तभी हम बच पायेंगे,
तभी हमारी दुनिया बच पायेगी।

यहाँ भी वही प्रश्न
कैसे निकले इससे?
कौन थामे हाथ?
या तो कोई सद्गुरु मिले,
जो विवेक की नाव देकर
पार लगा दे,
या स्वयं समझ जायें हम
कि इच्छाओं के इस सागर का
न कोई ओर है
न कोई छोर।

इसलिए आज
मैंने ठान लिया है–
इच्छाओं की लहरों को
विवेक की मर्यादा में बाँधना है,
कम में सन्तोष,
और मन में शान्ति भरकर
सुख की धरती पर
स्थिर होना है।

क्योंकि
जब समुद्र मर्यादा में होता है,
तब ही
जीवन की नाव
सुरक्षित किनारे तक पहुँचती है।

काग़ज़ों पर लिखे राज़

काग़ज़ों पर लिखती हूँ दिल की बात,
काग़ज़ों में ही कहीं छिपा रहता है इलाज।
काग़ज़ सिर्फ़ एक पन्ना नहीं होता,
उस पर लिखे जाते हैं युगों के इतिहास।

काग़ज़ों में छुपी रहती है
हमारी संस्कृति, हमारे संस्कार,
हमारी विरासत, हमारी परम्पराएँ–
रामायण, महाभारत आगम का अमर संसार।

काग़ज़ों से ही हम पाते हैं
अपने पुरखों की पहचान,
इतिहासकार की क़लम से
बनता-बिगड़ता है समय का ज्ञान।

काग़ज़ों से रिश्ते सँवरते भी हैं,
और कभी-कभी उलझ भी जाते हैं,
देशों के सम्बन्ध सुधरते हैं
तो कहीं काग़ज़ों से ही बिगड़ भी जाते हैं।

काग़ज़ से मिलता है न्याय कहीं,
तो कहीं अन्याय का साया होता है,
कहीं किसी का हक़ मारा जाता है,
तो कहीं किसी को सब कुछ मिल जाता है।

काग़ज़, तेरा क्या कसूर बतायें,
तू तो बस मौन साक्षी है हर बार,
अच्छा-बुरा तो लिखने वाले की नीयत में है,
काग़ज़ों पर ही लिखे होते हैं
कई सच...कई राज़।

एक क्षण...एक निर्णय...और जीवन की दिशा

कभी-कभी जीवन के छोटे से दृश्य
हमारे भीतर वर्षों पुरानी स्मृतियों का द्वार खोल देते हैं।
आज एक विवाह समारोह में आयी हुई थी,
एक प्लेट में रखी चॉकलेट सिगरेट ने
मुझे भी वर्षों पीछे लौटा दिया
उस समय में,
जब मेरे बच्चे केवल ढाई और चार वर्ष के थे।

दोनों गाड़ी की बोनट पर बैठे
मासूमियत से
चॉकलेट सिगरेट को
बिल्कुल बड़ों की नक़ल में
'पीते' हुए खा रहे थे।

मैं अचानक वहाँ पहुँची–
और वह दृश्य देखकर
मेरा मन रुक गया।

वह केवल चॉकलेट नहीं थी,
वह आदत की नक़ल थी।

और आदतें–
अगर समय रहते न रोकी जायें,
तो संस्कार बनते-बिगड़ते देर नहीं लगती।

मैं बच्चों को मारने के पक्ष में कभी नहीं रही।
मेरा दृढ़ विश्वास है कि
बचपन मस्ती, शोर, हँसी और शरारतों के लिए होता है।
बच्चों को उनका बचपन जीने देना चाहिए।

लेकिन उस क्षण
माँ ने भीतर से आवाज़ दी
"अभी नहीं रोका,
तो यह खेल आगे चलकर
आदत बन सकता है।"

मैंने जीवन में पहली और आख़िरी बार
अपने दोनों बच्चों को
एक-एक थप्पड़ लगाया।

वह क्रोध नहीं था।
वह तुरन्त लिया गया एक निर्णय था,
वह भविष्य की चिन्ता से उपजा
संस्कार का हस्तक्षेप था।

उस दिन के बाद
न कभी हाथ उठा,
न कभी आवश्यकता पड़ी।

आज वे बच्चे
46 और 44 वर्ष के हैं, स्वयं पिता बन चुके हैं,
अपने-अपने क्षेत्र में सफल हैं,
आर्थिक रूप से सक्षम,
सामाजिक रूप से सम्मानित।

और सबसे महत्त्वपूर्ण बात
उनके जीवन में
किसी भी प्रकार का व्यसन नहीं है।
यहाँ तक कि
सुपारी तक नहीं।

कई बार वे स्वयं मंच से कहते हैं–
"मम्मी ने हमें जीवन में
बस एक ही थप्पड़ मारा था..."

रिश्ते नाज़ुक फूलों जैसे

रिश्ते बड़े नाज़ुक होते हैं,
इन्हें सहेजना पड़ता है फूलों की तरह।
ना कोई दौड़, ना कोई हार-जीत,
ना कोई परीक्षा, ना पास-फेल की रीत।

ये दिल से जुड़ते हैं, मन से निभते हैं,
हर मोड़ पर साथ चलते हैं, और मुस्कराते हैं।
इनमें होती है एक अनकही मिठास,
जो निभाने में लगती है पूरी आस।

अगर कहीं कोई गाँठ पड़ जाये,
तो खोलने में वक़्त ज़रूर लग जाये।
कभी-कभी खुल भी जाये तो क्या,
पहले जैसी मधुरता लौटे ये ज़रूरी नहीं होता हर बार।

रिश्तों की डोर को खिंचने मत दो,
गाँठ बनने से पहले समझ लो, थाम लो।
जैसे फूलों को हाथ लगाते वक़्त नर्म दिल चाहिए,
वैसे ही रिश्तों को निभाने में भी सब्र और समझ चाहिए।

सँभालो इन्हें मुस्कराहट से, सजाओ विश्वास से,
ताकि ये हर मौसम में महकते रहें प्यार से।

एक काली उड़ान–'श्रद्धांजलि उन आत्माओं को'

आज का दिन इतिहास में एक काला अध्याय बन गया,
जब 240 यात्री और 50 होनहार छात्र एक साथ,
सपनों के संग, आकस्मिक रूप से
काल के गर्त में समा गये।

कोई घूमने जा रहा था,
कोई अपने प्रिय से मिलने,
कोई अपने बच्चों की बाँहों में
सुकून ढूँढ़ने चला था।

हर यात्री की अपनी एक कहानी थी,
हर आँख में एक सपना था,
हर चेहरा किसी की दुनिया था...
पर एक पल ने सब कुछ छीन लिया।

गुजरात के पूर्व मुख्यमन्त्री विजय रूपाणी जी भी
इस भयावह हादसे का शिकार हो गये।
वहीं एक नवविवाहिता,
अपने पति से मिलने लन्दन जा रही थी।
बांसवाड़ा का एक पूरा परिवार–

माँ, पिता और तीन बच्चे,
सपनों सहित सदा के लिए विदा हो गये।

और सबसे करुण दृश्य,
वे छात्र जो मेडिकल की पढ़ाई कर रहे थे,
जो कल के डॉक्टर बनने वाले थे,
जो औरों की साँसें बचाते,
आज वे स्वयं साँसें छोड़ बैठे।
माँ ने कहा होगा–
"छुट्टियों में बेटा आयेगा,
घर का आँगन फिर हँसेगा।"
पर अब वो आँगन मौन है...
उस माँ की आँखें दरवाज़े पर टिकी हैं,
पर वह बेटा अब कभी नहीं लौटेगा।

हँसते-मुस्कराते चेहरों ने
अलविदा कहने का वक़्त तक न पाया।
सेल्फ़ी में क़ैद मुस्कानें
अब बस तस्वीरों में रह गयीं।

यह जीवन कितना अनिश्चित है।
हम जोड़ते हैं, लड़ते हैं, दौड़ते हैं,
लेकिन यह भूल जाते हैं कि
एक क्षण में सब कुछ समाप्त हो सकता है।

क्या ही अच्छा हो अगर
हम इस नश्वरता को समझें।

हर दिन को प्रेम से जियें,
ईर्ष्या, द्वेष और क्रोध को त्याग दें।

प्रेम बाँटें, मदद करें,
एक-दूसरे का सहारा बनें।
ईश्वर से बस यही प्रार्थना–
"सभी का कल्याण हो,
हर जीवन सुरक्षित हो,
और हर हृदय में मानवीयता जीवित रहे।"

शत् शत् नमन उन आत्माओं को,
जिन्होंने समय से पहले
अमृत की जगह काल पी लिया।

बुढ़ापा–एक तैयारी, न कि बेबसी

धीरे-धीरे उम्र चुपचाप बढ़ती है,
हम बूढ़े होते हैं–पर सभी नहीं लगते।
किसी के चेहरे पर झुर्रियाँ भी मुस्कुराती हैं,
और किसी की मुस्कुराहट में भी उदासी बरस जाती है।

कभी लगता है जैसे एक ही दिन में बरसों बीत गये हों,
मुस्कान होंठों से छिप जाती है,
आँखें सवाल पूछती हैं–
पर जवाब देने वाला कोई नहीं।

और कोई होता है,
जो 92 की उम्र में भी
हँसता है, गाता है,
बुढ़ापे को मित्र बना लेता है।

जीवन जीने का तरीक़ा सबका अलग होता है।
हाँ, माना जीवन संघर्ष है,
पर इसका मतलब यह नहीं कि
उम्र बढ़ने पर हम अपने आप को बोझ समझ लें।

हम अपने शौक़ क्यों छोड़ें?
क्यों घर के कोने में सिमट जायें?
क्यों न पहले से बुढ़ापे की तैयारी करें–
थोड़ा धन, अच्छा स्वास्थ्य,
अपना पसन्दीदा भोजन,
घूमना-फिरना, दोस्त बनाना।

युवाओं से बतियायें,
बच्चों के संग खेलें,
हम उम्र साथियों से रोज़ मिलें–
या कम से कम बात करें,
मन हल्का करें।

बीमारी कभी भी आ सकती है–
पर तैयारी हमारी होनी चाहिए।
मेडिक्लेम, ज़रूरी डॉक्युमेंट्स,
सारी व्यवस्था अपने हाथ में रखें।

यदि बच्चे सेवा करते हैं–
तो आप भाग्यशाली हैं।
और नहीं भी करते,
तो दुखी न हों–
आपने अपना कर्तव्य निभा दिया,
अब अपने जीवन की ज़िम्मेदारी भी निभायें।

जब जीवन का शरद ऋतु आये,
तो उसे गुलाबी बना दें।

बुढ़ापा भी सुन्दर हो सकता है,
अगर हम उसे मुस्कान से स्वीकारें।

अपने आत्मबल को याद रखें–
आप वही इन्सान हैं,
जिन्होंने बिना सहारे
एक पूरा परिवार खड़ा किया।

आज अगर कोई साथ न हो
तो ख़ुद का साथ सबसे बड़ा है।
बुढ़ापे से लड़िये नहीं,
उसे गले लगाइए–
और कहिए :
"मैं बूढ़ा नहीं, अनुभवों से समृद्ध हूँ!"

ज़रा सँभल कर चलना–एक जीवन गीत

ज़िन्दगी है बड़ी नाज़ुक,
ज़रा सँभल कर चलना।
रास्ते हैं ऊबड़-खाबड़,
हर मोड़ पर संयम से चलना।

रिश्तों की बगिया महकती रहे,
अपनों के दिलों को सहेज कर रखना।
नज़रें नम न हों किसी की भी,
कभी किसी का दिल न दुखाना।

फ़र्ज़ से पीछे मत हटना,
कर्तव्य ही सच्चा धर्म है अपना।
प्रेम की गंगा बहाते चलना,
वैमनस्य को छोड़ते चलना।

शान्ति ही सच्चा सुख है,
तृष्णा को मिटा देना।
मन को निर्मल रखना,
हर भाव में दया भर देना।

माता-पिता की उँगली पकड़,
उनका ऋण चुकाने का भाव रखना।
उनकी सीखें जीवन में उतारो,
संस्कारों का दीपक जलाना।

दोस्ती के फूलों को सदा महकाना,
एक सच्चा कल्याण मित्र ज़रूर निभाना।
साथ चलो, हाथ थामे रहो,
हर मोड़ पर मुस्काना।

देश के प्रति अपना कर्तव्य निभाना,
भारतीय होने पर गर्व जताना।
संविधान का आदर करना,
हर रंग को दिल से अपनाना।

ईश्वर में आस्था बनाये रखना,
आत्मा को परमात्मा बनाना।
धर्म, करुणा, समता से
जीवन को सार्थक बनाना।

ज़रा सँभल कर चलना...
हर क़दम सोच-समझ कर चलना।
क्योंकि यह जीवन एक अवसर है,
इसे प्रेम से जीना,
इसे सम्मान से चलना।

ऐ चाँद, तेरे कितने रूप...

जैसे-जैसे चाँद घटने लगता है,
मेरे दिल में कुछ-कुछ पिघलने लगता है।
चाँदनीमयी रातें मुझको बहुत लुभाती हैं,
उसकी सुन्दरता मुझे मोहित कर जाती है।

दिन भर की तपिश के बाद,
उसकी शीतलता मन को आनन्दित कर जाती है।
ऐ चाँद मैं अक्सर तुझे छत से निहारा करती हूँ,
तारों-सितारों से बतियाती रहती हूँ।

चरखा कातती बुढ़िया माई से,
जीवन जीने की कला सीखती हूँ।
कभी बच्चों की तरह काँच की गोटी को दूरबीन बनाकर,
तुझे तकती हूँ, तू और क़रीब लगने लगता है।

बचपन में मैं गाया करती थी–
"चन्दा मामा दूर के, खाये बताशे चूर के..."
अब दूर वाले चन्दा मामा नज़दीक हो गये हैं,
हमारे वैज्ञानिकों ने इतिहास रच डाला है।

चन्द्रयान-3 ने दक्षिणी ध्रुव में क़दम रखा,
चाँद को हमारे और क़रीब ला दिया।
अब चाँद की स्थिति का हाल मालूम हुआ,
भारत का गौरव और ऊँचा हुआ।

ऐ चाँद तुझसे सीखा मैंने–
ख़ुद चमको और अपनों को भी चमकाओ,
घटना-बढ़ना, बढ़ना-घटना–
ये सब जीवन के विभिन्न रंग।
तुम न रुको, तुम न थको,
बस चलते जाओ, बढ़ते जाओ।

लोग कहते हैं, चाँद में दाग़ होता है,
पर मुझे चाँद बेदाग़ नज़र आता है।
वह तो जीवन की पूर्णिमा-अमावस्या,
सब को साथ लेकर गतिमान रहता है।

कितनी उपमाएँ तुझ पर बनीं,
कितने गीत तुझ पर रचे गये।
अब तो तुझ पर जीवन की कल्पनाएँ भी,
साकार होती दिखाई दे रही हैं।

पर एक बात तो तय है–
तुझसे हमारा अटूट नाता है।
चाँद के बिना रात अधूरी, बात अधूरी,
तू सबका मामा–माँ का प्यारा भाई।

इस राखी पर धरती ने चाँद को राखी बाँधी,
एक नया इतिहास रच डाला।
भारत के लाड़ले प्रधानमन्त्री के नेतृत्व में,
विश्वगुरु बनने की राह पर क़दम बढ़ा डाला।

ओ चाँद, तेरे कितने रूप–
सभी रूप मन को लुभाते हैं।
तू प्रेम का प्रतीक है, धवलता का प्रतीक है।
मेरे आँगन में सदैव मुस्कराते रहना,
सदैव सुहागन रहने का वरदान देना।

मकर संक्रान्ति

मकर संक्रान्ति के दिन जब
आसमान में पतंग लहराती है,
मुझे अक्सर महान साहित्यकार
सियारामशरण गुप्त जी की कहानी 'काकी'
याद आ जाती है।
मन करता है,
किसी पतंग को मैं भी ख़त बना लूँ!
ईश के पास अपनी अर्ज़ी पहुँचा दूँ!
हे दीनदयाल,
काश कुछ ऐसा हो जाये!
उस स्वर्गलोक में बैठे
अपने अम्मा-बाबा से
कुछ मन की बातें कर लूँ।
उन्हें यह जतला दूँ कि
आज भी उनकी यादें
मन में बसी हुई हैं।
आज भी जी चाहता है
कुछ देर माँ की मीठी गोद में
सिर रखकर घण्टों सो जाऊँ।
पिता की उँगली पकड़कर

नन्ही बच्ची बन जाऊँ।
एक बार, बस एक बार
उस पतंग की डोर को थाम
तुम इस धरती पर आ जाओ।
अपनी बिटिया के सिर पर
स्नेह भरा हाथ रख दो,
ममता की बारिश में
मनभर भिगो दो,
सारी तपिश हर लो,
जीने का नया हौसला दे दो।
हे प्रभु,
कहानी की कल्पना को
साकार कर दो।
इस मकर संक्रान्ति पर
ऐसा कोई चमत्कार कर दो।

दिवाली आयी

आयी दिवाली आयी दिवाली,
जगमग करती आयी दिवाली,
दियों की बारात साथ लायी दिवाली,
अन्धकार पर प्रकाश की विजय का,
पाप पर पुण्य की जय का
सन्देश लायी दिवाली।
अपनों से मिलने का मौसम
लेकर आयी दिवाली,
उपहार आदान-प्रदान करने
की रीत लायी दिवाली।
प्रभु महावीर का निर्वाण,
प्रभु राम का आगमन,
गुरु गौतम स्वामी का केवल ज्ञान,
सुख-दुख दोनों को संग लायी दिवाली।
मिट्टी (पृथ्वी) और ज्योतिष (आकाश) की संग कर गयी दिवाली।
धनतेरस, कालीचौदस, (नरकचतुर्दशी),
लक्ष्मी पूजा, चोपड़ा पूजन, दीपावली
नया वर्ष (गोवर्धनपूजा) भाईदूज,
पंचपर्व की बहार लायी दिवाली।
सांस्कृतिक, सामाजिक, आध्यात्मिक

संस्कारों की धारा लायी दिवाली।
अपने दीपक स्वयं बनो,
अपने जीवन का अन्धकार हर लो,
यह पावन सन्देश लायी दिवाली।

आओ लगा लें होली के रंग

टेसू में खिले प्यार के संग,
पलास की सोंधी-सोंधी सुवास में,
झरते हरसिंगार के निर्झर में,
डूबे हम भी होली के इन्द्रधनुषी रंगों में,
होली के रंग में तन मन को भिगोना है,
इन्द्रधनुषी सपनों को सजाना है,
लगा लो देशभक्ति का रंग,
लगा लो मानवता का रंग,
प्यार, स्नेह, ममता का रंग,
परोपकार, प्यार, सेवा का रंग,
लगा लो वृद्धों के सम्मान का रंग,
माता-पिता के आदर का रंग,
गुरुजनों के श्रद्धा का रंग।
लगा लो मधुर वाणी का रंग,
सद्भावनाओं का रंग,
दीन दुखियों की मित्रता का रंग,
लगा लो दोस्ती का सच्चा रंग,
अपनेपन का रंग।
सत्य ईमानदारी का रंग,
लगा लो साहस शूरवीरता का रंग,

संयम, अनुशासन, सद्बुद्धि, विवेक का रंग।
ईश्वर के प्रति भक्ति का अनूठा रंग,
लगा लो अटल देशप्रेम का रंग
निष्ठावान जीवन का रंग,
शुद्ध चरित्र का रंग।
लगा लो वृक्ष लगाने का रंग,
उपवन को हरा भरा बनाने का रंग,
फूलों की महकती महक का रंग,
बचकर मत रहना,
लगा लो रंग होली में,
इन नये रंगों से जीवन को
रंगमय बना लो, कटुता अनबन राग द्वेष के भावों को भुलाकर
इतिहास बना दो, अनूठा होली का त्योहार मना लो।

फागुन का ख़ुमार

फागुन का खुमार जब छा गया,
बचपन की गलियों में मन फिर जा गया।
पचास बरस पुरानी बात,
गाँव की मिट्टी, रिश्तों की सौग़ात।

होली से पहले पहुँचा था परिवार,
गाँव में था कुछ विशेष इस बार।
सफ़ाई करने वाली जो जोड़ी थी पहले,
अब दिखी एक औरत, एक बच्ची अकेले।

माँ ने पूछा–"तुम कौन हो बेटी?"
बोलने से पहले ही आँखों में थी नमी गेही।
पड़ोसन बोली, "बेटी है वह सफ़ाई वाले की,
बीमार हैं दोनों, हाल बुरा है उनके जी।
कोई कमाने वाला नहीं बचा,
यह दोनों ही कुछ सहारा रचा।"

माँ की आँखें भीग गयीं सुनकर हाल,
बोलीं–"छोटी-सी बच्ची से मत करवाओ इतना जाल।
इसे पढ़ने दो, खेलने दो,
बचपन को मत यूँ पल भर में खोने दो।"

खिला उन्हें माँ ने भरपेट प्यार से,
बाँधा खाना बीमारों के उपहार से।
दिये होली के रंग, किताबें, नयी आशा,
सज गया चेहरा बच्ची का–जैसे मिल गयी हो परिभाषा।

उसके चेहरे पर थी सुनहरी प्रभात,
ख़ुशी से झूमी, फागुन का नाच।
रंगों की चमक में थी वह मुस्कान,
माँ की ममता ने भर दिया जीवन में गान।

विदा के समय वह आयी, माँ को नम आँखों से देखा,
शब्द नहीं थे, पर हर भाव ने प्रेम को लेखा।
माँ ने लिया वादा–"अब ये पढ़ेगी ज़रूर,
अक्षर ज्ञान से बढ़ेगा इसका नूर।"

सच कहूँ तो उस दिन जाना,
देने में कितनी होती है दिव्यता, भावना।
चारों ओर बिखर गये फागुन के रंग,
माँ की करुणा से भर गया हर अंग।

जब कोई दिल से किसी का भार उठाता है,
तभी फागुन का असली ख़ुमार आता है।
रंगों का त्योहार तभी तो प्यारा लगता है,
जब मन से कोई, किसी का दुख हरता है।

चैत्र महीना आया

देखो, चैत्र महीना आया
नव वर्ष की सौग़ात है लाया।
नवरात्रि की यह पावन वेला,
गूँज उठा है मंगल मेला।

गुड़ी पड़वा धूम से मनाया,
माँ की अखण्ड ज्योत जलाया।
माँ के चरणों में शीश झुकाया,
कर अर्चना-वन्दन, आरती गाया।

नौ दिन, नौ रूप सजती,
काली बनकर दुष्टों का नाश करती।
महिषासुर का वध कर,
भक्तों पर कृपा बरसाती।

माँ शैलपुत्री, शक्ति की देवी,
पर्वत राज की वह सन्तान अमर।
माँ ब्रह्मचारिणी, ज्ञान का सागर,
तपस्या की ज्योति उजागर।
माँ चन्द्रघण्टा, शेर पर सवारी,

शत्रुओं की दुर्गति भारी।
माँ कूष्माण्डा, सृष्टि की जननी,
हर संकट की वह संहारिणी।
माँ स्कन्दमाता, ममता की मूरत,
प्रेम से भरे उसके सूरत।
माँ कात्यायनी, युद्ध की रानी,
दुष्टों की काल महानि।
माँ कालरात्रि, काली का रूप,
करती है तम का सम्पूर्ण भूप।
माँ महागौरी, उज्ज्वल काया,
जिनके दर्शन से जीवन में माया।
माँ सिद्धिदात्री, वरदानों की खान,
देती हैं शक्ति, सिद्धि महान।
आओ, इस नवरात्रि में,
घर की देवियों का भी करें सम्मान।
माँ होंगी प्रसन्न, बरसायेंगी आशीर्वाद,
हर घर में आयेगी ख़ुशियों की बरसात।

एक चेतावनी–जागो मानव जागो

जागो इन्सान जागो, नशे की बुरी लत से जागो।
आनन्द का नाम देकर
ज़हर बेचने वालों से जागो।
न जाने कितने तरह के नशे बिकते हैं बाज़ारों में
विज्ञापन के आकर्षण से बचो
नशे से कोसों दूर भागो।
जागो मानव जागो, नशे की बुरी लत से जागो।

सच कहूँ तो ज़िन्दगी ही बन गयी है नशा
नशा-नशा-नशा
चारों तरफ़ नशे का बोलबाला
शराब, अफ़ीम, चरस, गांजा, हशीश,
हुक़्क़ा, सिगरेट, बीड़ी, पान, तम्बाकू
युवा पीढ़ी को गुमराह कर रहे हैं यह नशे
जागो इन्सान अब तो जागो।

बचो इनसे,जीवन का मोल समझो,
बुरी लतों को, बुरी आदतों को छोड़ो
नशा करना है तो अच्छी चीज़ों का करो
जीवन को नयी ऊँचाई दे उसका करो।

नशा अगर ममता का है तो बच्चों की सुरक्षा-सम्बल-आत्मविश्वास है
नशा अगर श्रवण कुमार है तो माँ-बाप का बुढ़ापा आनन्दमय है
नशा अगर लक्ष्य है तो अर्जुन है
नशा ग़र मेहनत का है तो अम्बानी-मित्तल है
नशा ग़र गौरव-कामयाबी का है तो बच्चन है
नशा ग़र खेल है तो गावस्कर-सचिन-पी.टी उषा-सानिया है
नशा ग़र अहिंसा है तो महावीर-गौतम-गांधी है
नशा ग़र क्रान्ति है तो लक्ष्मीबाई-शिवाजी है
नशा ग़र इन्क़लाब है तो भगतसिंह-सुखदेव-राजगुरु है
नशा ग़र उबाल है तो बोस-आज़ाद है
नशा ग़र देशभक्ति है तो सरहद के रक्षक वीर जवान है
नशा ग़र लेखनी है महादेवी वर्मा, निराला, हरिवंश राय है
नशा ग़र सेवा है मदर टेरेसा-बाबा आमटे है
नशा ग़र कम्प्यूटर है तो बिल गेट्स है
नशा ग़र संगीत है तो लता-आशा-हरिप्रसाद-ज़ाकिर हुसैन है
नशा ग़र जज़्बा है कुछ कर दिखाने का तो मोदीजी है
नशा ग़र भक्ति है तो समझो मुक्ति ही मुक्ति है
नशा ग़र जुनून है तो एक नयी मंज़िल-एक नया आसमाँ-एक नया शिखर है।
नशा ग़र नशीले पदार्थों का है तो स्वास्थ्य का बेड़ा गर्क है और ज़िन्दगी नर्क है
आसपास रहने वालों का जीवन भी ख़तरे में है
बुरा नशा जीवन को खोखला करता है, जेब खाली करवाता है
बीमारियाँ देता है, अस्पताल पहुँचाता है।
इसलिए बुरी नशीली चीज़ों का आज से त्याग करो
ख़ुद का और परिवार का भला करो।

याद रखो नशे के चक्रव्यूह में जो फँसा
वह तो असमय मृत्यु के जबड़े में धँसा

जीवन की क़ीमत समझो, यह अमूल्य है
नशे के चंगुल से बाहर निकलो।

नशा बेचने वाले को किसी से मतलब नहीं
उसे तो सिर्फ़ अपना नशा बेचना है
वह दुकानदार है, पर आप तो ख़रीदार हो
सोच-समझ कर ख़रीदो जो ख़रीदो
जागो ग्राहक जागो, नशे की बुरी लत से जागो। जागो इन्सान जागो।

कोरोना

माना आज अँधेरा सूरज पर भारी है,
मंगल ग्रह तक पहुँचने वाला इन्सान,
कोरोना वायरस के आगे बेबस है,
बस हिम्मत रख ऐ इन्सान,
इसका भी तोड़ मिलेगा,
सूरज अँधेरे को लील जायेगा,
एक नया प्रकाश फैलेगा,
आये कितनी भी आँधी,
बस तुम इतना काम करो,
अपनी लक्ष्मण रेखा को मत पार करो,
घरों में बन्द रहो, अपने-अपने परिवार
और पड़ोसियों की रक्षा करो,
बहुत कठिन है इस तरह कमरे में बन्द रहना,
पर समय की माँग को मत नकारो,
यह वक़्त भी बीत जायेगा,
हर पल, हर क्षण का,
अपनों के साथ का आनन्द उठाओ,
जीवन को जश्न बना लो,
सब मिलकर हृदय से प्रार्थना करो,
मंगल हो, सबका मंगल हो, विश्व का मंगल हो,
मेरे देश का मंगल हो,
धरती के कण कण का मंगल हो

हमारी मुम्बई कोरोना समय में

कहते हैं सभी–
मुम्बई कभी नहीं थमती, ना ही कभी सोती है,
दिन हो या रात,
हमेशा जागती है,
हर मौसम, हर त्योहार में
बस मुस्कराती रहती है।

पर अबकी बार कुछ बदला है–
पिछले पाँच महीनों से
यह दिन में भी सोने लगी है,
उसे भी अब नींद आने लगी है।
ट्रैफ़िक रहित सड़कों पर
शान्ति ने डेरा जमाया है,
प्रदूषण रहित वातावरण
हर साँस को सुकून दे गया है।

ना गाड़ियों के हॉर्न की चिल्लपों,
ना ट्रेनों की गड़गड़ाहट का शोर–
बस एक मधुर सन्नाटा,
जिसमें कोयल की कुहू-कुहू,

पपीहे की पिहू-पिहू
जैसे कोई राग छेड़ते हैं।

शायद बरसों के बाद
इस "आमची मुम्बई" को
आराम मिला है।
मशीनी ज़िन्दगी से
थोड़ी राहत मिली है।
वह भी अब
चैन के हिंडोले में झूल रही है।

यह वही मुम्बई है,
जिसने हमें सब कुछ दिया,
जिसकी हर साँस में हम बसे हैं।
हम इसके हृदय से आभारी हैं,
अब समय है–
इसका क़र्ज़ चुकाने का।

आने वाले वर्षों में
हमें फिर से मशीनी नहीं,
सजीव और सन्तुलित ज़िन्दगी जीनी है।
मुम्बई को अब
थोड़ा आराम देना है,
थोड़ा स्नेह, थोड़ा साथ देना है।

क्योंकि यह मुम्बई–
हमारी छत है, हमारी माँ है,
"माँ मुम्बा देवी" की नगरी है,

"माँ लक्ष्मी" का आशीर्वाद है,
"बाबुलनाथ" जैसे रक्षक देव की छाया है।

इसलिए हर हाल में
मुम्बई सुरक्षित है,
मुम्बई फिर मुस्करायेगी,
फिर गायेगी,
आशाओं के नये दीप जला

उम्मीद का दिया

उम्मीद का दामन हमेशा थामे रखो,
हर अँधेरे में एक दिया जलाये रखो।
घनघोर अँधियारी हो या अमावस की रात,
आशा की लौ बनो, न करो कभी मुलाक़ात हार से बात।

नन्हा-सा दीपक जब टिमटिमाता है,
तब घना अन्धकार हार जाता है।
वह थी एक मूसलाधार बारिश की रात,
जब जेल की दीवारें हुईं प्रकाश से चमाचम।

एक अद्‌भुत, अलौकिक बालक ने जन्म लिया,
श्रीकृष्ण आये, और विश्वास ने सूरज-सा दमक लिया।
अमावस की रात थी, पर दीपमालाओं ने पूनम बना दिया,
श्रीराम के आगमन से अयोध्या ने प्रकाश पा लिया।

फिर वह अमावस की रात आयी,
जब प्रभु महावीर ने निर्वाण की राह पायी।
अहिंसा, क्षमा, अभय के वो प्रतीक, हम सब को छोड़ गये
पर दीपों ने जलाये ज्ञान के संगीत।

गौतम बुद्ध ने भी यही सिखाया,
"अप्प दीपो भव"–ख़ुद ही बनो अपना दीपक।
काली रात चाहे जितनी भी गहरी हो,
उम्मीद की किरण हर दिल में ठहरी हो।

कोविड की वो अमावस कुछ लम्बी सही,
पर हिम्मत न हारना, यही बात सच्ची रही।
उम्मीद का दिया बुझने न देना दोस्त,
इस तूफ़ान को भी झेलेंगे, बनकर मज़बूत होस्ट।

आयेंगे फिर सुनहरे दिन,
निखरेंगे हम, चमकेंगे हम।
उम्मीद का दामन थामे रखना,
हर रात के बाद एक सवेरा अपना।

कोरोना का सन्देश

कोरोना आया एक सन्देश बनकर,
रफ़्तार की दुनिया को थमा गया ठहरकर।
भागती दौड़ती ज़िन्दगी को मिला विश्राम,
काम के बोझ से निकला एक आराम।

परिवार जिनसे छूट रहा था साथ,
मिल गया उन्हें फिर से एक नया दिन-रात।
बच्चों की हँसी, बुज़ुर्गों की बात,
सबको मिला अपनापन का फिर से स्वाद।

प्रकृति ने फिर दिखाया खेल अजीब,
कहाँ है सन्तुलन, कहाँ है समीप?
जब रिश्ते बिखरते देखे उसने हर ओर,
तो ख़ुद ही उठाया सन्तुलन का ज़ोर।

भौतिक सुखों की अन्धी दौड़ में,
मनुष्य खो रहा था अपनों की गोद में।
ख़ुशियाँ जिनसे पाने चला था दूर-दूर,
उन्हीं चेहरों से हो गया था वह बेनूर।

शायद यह ठहराव था एक सीख,
रिश्तों की गर्मी, आत्मा की चीख़।
फिर एकजुट हो जायें सब परिवार,
समझें एक-दूजे की अहमियत बार-बार।

कोरोना महज़ एक रोग नहीं,
वह एक सन्देश है–प्रेम और अपनत्व की चेतना सही।
कि जब भी राहें बिछड़ने लगें जीवन में,
तो रुककर देखें–कौन है हमारे साथ सच में।

दिल चाहता है यह कोरोना ख़त्म हो जाये

दुनिया फिर से आबाद हो जाये
दूर बैठे हैं जो, उन अपनों से
फिर एक बार मिलूँ
दिल चाहता है, मन्दिर जाऊँ–प्रभु के दर्शन करूँ,
पूजा करूँ–भक्ति करूँ–आंगी रचाऊँ,
अपने परमात्मा को रिझाऊँ। गुरु भक्ति का लाभ उठाऊँ।
दिल चाहता है, फिर घूमूँ-फिरूँ
तीर्थ स्थानों में, पहाड़ों पर जाऊँ,
विदेशों में उड़ान भरूँ।
दिल चाहता है, सहेलियों के संग बैठकर चाय पर चर्चा करूँ।
पार्क जाऊँ, सैर करूँ,
आते-जाते लोगों से हाय-हैलो करूँ,
दो मिनट बैठकर सुस्ताऊँ
कुछ उनकी सुनूँ, कुछ अपनी सुनाऊँ।
दिल चाहता है, फिर क्लब जाऊँ,
बुज़ुर्गों के संग ताश खेलूँ,
उन्हें हँसाऊँ, थोड़ी गप्पें लड़ाऊँ,
उनके चेहरों की मासूम-पोपली हँसी को
कैमरे में क़ैद कर लूँ।
दिल चाहता है, संगीत की महफ़िल जमाऊँ,

सुरों की ताल-लय में झूम-झूम जाऊँ,
हर चिन्ता से मुक्त हो जाऊँ,
दिल चाहता है, काव्य गोष्ठी सजाऊँ,
कविताओं के सागर में डूब जाऊँ,
जीने की नयी उमंग पाऊँ,
बस दिल यही चाहता है
यह 2020 को ज़िन्दगी की डायरी से कहीं
छुपा लूँ ,सब कुछ यथावत हो जाये,
ताकि कोई परेशान न हो,
कोई कोरोना से, कोई भूख से न मरे,
दिल चाहता है फिर एक बार सब
कुछ पहले-सा हो जाये,
व्यापार बढ़े-नौकरियाँ मिलें,
स्कूल खुलें, बच्चे पढ़ें, खिलखिलायें, खेलें-कूदें,
हर चेहरे पर रौनक सजे,

दिल चाहता है
सबकी आँखों में आशाओं के नये दीप जलें,
सबके होंठों पर मुस्कुराहट के सौ कँवल खिलें,
हे प्रभु दे यही आशीर्वाद और कहो
"तथास्तु-तथास्तु-तथास्तु"

❑❑